变出**品牌**班级

CREATING EXCELLENT CLASSES

杨春林

著

中国人民大学出版社

·北京·

目 录｜Contents

第三章 / 管理机制：单轨变双轨

自序｜我行，你也一定行！

朋友们常夸我，说我有当老师的天赋，简直是为教育而生的。其实不然。

回想自己的学习经历，从小到大，都不是老师的宠儿，未曾想过去当老师。和教育结缘，纯属意外，初登讲台，又曾因"管理不善"被撤离班主任岗位。到如今，形成自己的品牌特色。想想，确实有些匪夷所思。但一切，偏偏就这样发生了。

任何一种美丽，都需要付出努力，甚至是经历痛苦，一如蝴蝶破茧。班主任也不例外。

首先，一定要先爱上这份工作。这份爱的核心，我以为是接纳，发自内心接纳我们的教育对象——孩子，接纳他们的性格、脾气、不成熟，甚至缺点。教育是影响，教育是唤醒，教育是感召，全方位接纳学生，教育才有可能。

其次，一定要有梦想。成为更优秀的自己，享受更多的教育幸福，应成为我们的共同追求。心想才能事成，想也不想，怎么能成功？

最后，一定要行动。没有行动的梦想，只是空想，只想不动，永无出路。我心态好、点子多，没有什么秘诀，就是因为坚持学习研究、整合应用、反思提炼。

热爱 + 梦想 + 行动，造就了今天的我。

本书共分六章，全是我的经验之谈。第一章算是引言，说明我的"变出"品牌班级的思考因何而来。第二至五章，是本书的主体部分，是"变"的具体方法，是我"变出"品牌班级的教育实践。第六章是结语，讲了我的成长历程，班主任可能经由的成长路径。

关系、管理、活动、常规，是班级的基本生态。

有好关系才有好教育，关系和谐是"变出"品牌班级的前提条件。第二章具体阐述良好人际关系的建立与维护。

教育离不开管理，管理有序是品牌班级的基本保障。第三章具体介绍双轨制的班级管理模式。

活动是凝聚班级的法宝，个性化的活动是品牌班级的实施途径。第四章架构了三年的主题教育活动。

常规不等于千篇一律，常态出新是品牌班级的晋级契机。第五章列举了部分常规工作的变化实践，希望各位老师能举一反三。

变是一种方法，更是一种思维方式。老师变了，学生和班级就会跟着变。变化，既是推倒，更是完善、改良和系统化。变，痛苦一阵子；不变，痛苦一辈子。

这是一本实在的书。书中记录了很多我和学生的互动，虽然尽是点点滴滴细碎之事，但每一个案例、每一条建议，都渗透着自己对教育的思考，都是真实展示。

它还是一本有趣的书。书中呈现了很多有趣的实践——话可以这么说，理可以这么讲，活动可以这么开展，班级可以这么管理。学生可以如此可爱，家长可以如此活泼，师生之间可以如此默契。

这本书记录了我——一个普通班主任的成长之路。而大家，都可以走在这样的路上。如果我算是小有成就的话，我想说："我行，你一定也行！"

第一章 /

品牌班级：幸福教育梦

做教育很辛苦，我们无法回避；做教育很幸福，取决于我们的创造。打造品牌班级，享受教育幸福，需要自觉地、主动地变。

第一节 ▶ 班主任，想说爱你不容易

网文《不当班主任的 N 条理由》，因为道出了很多人的心声，传播甚广。今天看来，依然直击现实，颇能引发班主任们的共鸣。

三、如果我"愉快"地接受了，就意味着"暗无天日"的生活又开始了。为什么说暗无天日呢？因为每天朝六晚九，早晚两头不见太阳啊！每天工作绝对在 12 个钟头以上啊！早上五六点钟满大街乱窜的，很多就是老师和学生，而老师里面绝大多数是班主任啊！

……

五、当了班主任，你就成了这个班的"全日制保姆"。早操要你跟，早读要你跟，晚自习要你跟，临时有老师请假，而教导处又安排不开，那么他的课堂又非你莫属了，下晚自习还要隔三差五去学生公寓查就寝……

六、当了班主任，就意味着你做事得中规中矩。你不可以组织学生春游、秋游，因为这"不安全"；你不可以举办诸如读书会、故事会、足球赛、联欢晚会等活动，因为这与"主旋律"（学习）不和谐！

七、当了班主任，你肯定没有其他老师（别的行业就更不敢比了）那么"悠闲"、那么"散漫"、那么"从容"、那么"时尚"！你的皮鞋肯定没有他们擦得亮，你的头发肯定没有他们梳得光，因为你没有时间啊！其他老师所带科目成绩差，也可以堂

而皇之地把责任推给你班主任，因为你的思想工作没跟上，班没带好嘛！

八、当了班主任，就意味着你有学不完的制度、填不完的表册。今天学习《××学校安全防范三十条》，明天学习《××学校一日常规》，后天学习《××学校学生管理二十不准》，就连学生"投保交费清单"都得你亲自填写。

九、教师是太阳底下最光辉的职业。班主任是社会上最廉价的劳动力。农民工最低工资目前是每月1400元（平均），那么班主任就按一半工作量计算，每月也该拿700元。请问：哪个地方哪个学校的班主任津贴拿到700元了？我们学校现在的班主任津贴是180元（相比农村学校这可能还是偏高的）。这也只是最近几年才逐渐涨起来的，以前一直执行的是每月14元的国家标准。

十、当了班主任，就意味着你必须"耗"得起——耗时间！耗体力！耗精神！耗青春！耗生命！班主任的身心大都处于亚健康状态，高强度的工作给班主任的生理和心理都造成了巨大压力。班主任工作的特点是"三多"：说话时间多，站立时间多，伏案时间多。所以，班主任都不同程度地患有以下职业病：咽炎、胃炎、腿部静脉曲张、颈椎腰椎病、前列腺炎和神经衰弱等。体格本来就不很健壮的我当然也不例外。

总结一下，班主任工作的特点就是工作时间长、任务重、压力大，工资低。

无独有偶。网上流传的新时代班主任标准，从另一个角度和侧面，戏谑班主任工作的不易。

上得了课堂，跑得了操场。批得了作业，写得了文章。开得好班会，访得了家长。劝得了情种，管得住上网。解得了忧伤，破得了迷惘。Hold得住多动，控得住轻狂。受得了奇葩，护得住低智商。

查得了案件，打得过嚣张。还有一点是，忍得住工资不涨。

只是，因为这些理由，班主任就做不得了吗？做了班主任的也只能屈服于现实吗？管好一个班级就真的那么难吗？

第二节 ▶ 品牌班级，理想的彼岸

看着《不当班主任的 N 条理由》，想象着文章中形象的描述，我想起了另一类人。

时间长、任务重、压力大，几乎没工资，谁啊？孕妇！怀胎十月，时间长；孕育一个生命，任务重；儿子还是女儿，香火不能断啊，压力大；没工资就不用说了。但大部分孕妇都是心情愉快的，很少因以上理由愤而辞"职"。因为孕育一个新生命，是一份希望的存在和实现，是令人幸福的。

在这一点上，班主任跟孕妇是类似的，如果我们班主任能够创造一个品牌班级，就像孕妇孕育出一个健康宝宝，那么我们的班主任工作就可以是幸福的。

"创建品牌班级"的主张由此而来。很多人感觉痛苦，不愿当班主任，即使领导多次谈话，也是百般推脱。实事求是地讲，困难确实很多，但就是有人喜欢当班主任，并且迎难而上坚持做班主任，这是为何？就是因为他们通过自己的智慧和努力，创建了品牌班级。一如孕妇十月怀胎，一朝生下自己的孩子，享受着培育、收获的幸福。

什么样的班级是优秀班级？什么样的班级可以称为"品牌班级"？

答案有很多，我认为，最重要的标准有三条。

第一，班级中的每个人，都感觉是幸福的。德国哲学家费尔巴哈认为，一切有生命和爱的生物、一切生存着的和希望生存的生物之最基本和最原始的活动就是对幸福的追求。幸福的班级一定是一个很有凝聚力、很有向心力的班集体。同学关系、师生关系，人与人之间的关系一定是和谐、融洽的。简言之，求真善美，做幸福人。所谓品牌，不仅是一种外在评价，更是一种内在感受，而感觉幸福是品牌班级的前提条件。

第二，班风端正，学风严谨。班级是学生的班级，学生是来学习的，或者说，主要工作是学习。所以，好的班风、学风依然是品牌班级的重要标准之一。班级散乱，学生不学习，自然没有品牌可言。质量是永恒的生命线，素质教育追求在自由、宽松的环境下收获成功，并非不要质量。

第三，班级有与众不同的特色。质量与特色是品牌班级的两大核心，应该挖掘学生的创造才能，最大限度发挥学生的特长，形成班级特色。教师和学生是品牌班级的两大主体。当然，同一位班主任所带的不同班级，因为学生个体和群体的差异，其特色也是有差异的。

第三节 ▶ 变，教育幸福直通车

班级特色，来自理念与文化这两大引擎。其中，班主任的引领直接决定着理念和文化的境界。也就是说，班主任的视野决定班级境界，班主任的思路决定班级的出路，更决定了班级的宽度、厚度和高度。

从我近二十年的教育经历来看，基于社会的发展、学生个体的变化、人性的微妙，我们的班集体建设要与时俱进，及时变革与创新。要勇于、善于"变"出品牌班级。

恩格斯说，呈现在我们眼前的，是一幅由种种联系和相互作用无穷无尽地交织起来的画面，其中没有任何东西是不动的和不变的，一切都在运动、变化、产生和消失。教育也不例外。为了适应这种变化，我们要转变观念，创新思维，在现有的基础上进行突破。

不管社会怎样发展，教育的大方向都是遵循年轻一代身心发展的规律，有目的、有计划、有组织地引导受教育者获得知识技能，陶冶思想情操，发展智力、体力，教人求真、向上、尚美，培养符合当下社会需求的合格公民。

当下的社会发展日新月异，当下的学生个体因独生子女政策，在获得更多物质享受的同时，其情感、精神层面的成长环境反而相对恶化，孩子无法在与兄弟姐妹的交往中完成社会化，缺少与他人特别是同龄人相处的经验。同时，社会的发展与进步，尤其是信息化进程的跨越式发展，在带来信息便利的同时，也让各种不良信息扑面而至，给正在成长的青少年带来了很大冲击。这些客观现实，给教育带来了前所未有的困难和挑战。对教师而言，转变教育观念和态度，用更科学、更艺术的方法，开展教育活动，实现教育目的，显得异常迫切。

第一，更新教育理念。老师的高度影响学生的高度。教育者必须登高望远、永不停步，更新教育理念，提升业务素养，做智慧教师，这样才能为班级管理创新铺设一条能够奔跑、高速奔跑、高质量奔跑的宽阔大道，培养学生成为新世纪的接班人。

第二，改变管理机制。创新必须有全体参与、共创共享的机制。班级管理，不是几个人的事情，而是全班人的事情。创新也必须依靠全体学生的力量。

第三，改变管理态度。要实现从家长式的发号施令到开诚布公平等对话的转变，从保安式的严防死守到民主开放、良性互动的转变，从保姆式的万事包办到教师主导、学生主体的转变。

第二章 /

人际关系：紧张变和谐

关系和谐了，问题便可消弭于无形；关系紧张了，往往会横生枝节。亲其师，才能信其道。关系是教育的核心命题之一，从某种意义上讲，教育就是关系。

第一节 ▶ 师生交往：放下高高在上的身段

师生关系紧张，原因复杂。学生，作为发展中的个体，有其鲜明的特征。比如，他们的思想、行为往往与学校要求不同。

师生之间因年龄、成长背景、阅历和各自角色需求的不同，必然存在多方面的差别。这种差别常常制约、影响着师生间的相互了解和沟通。教师与学生是一对多的关系，这又给教师观察、了解学生增加了相当大的难度，教师不容易全面、准确了解每个学生。凡此种种都容易引起部分学生的抱怨、逆反心理，增加班级管理难度。

计划生育国策的实行，旨在提高中华民族的人口素质，限制人口数量，却造就了个性独特的独生子女群。很多人敏感、脆弱，强调自我、追求个性，很多人固执任性，我行我素，性格冷漠。这些个性与教师所期待的"好学生"有距离，这无疑也会妨碍师生间的感情联系。

这样的新形势，意味着我们必须改变以往的学生观，也必须改变以往的师生交往之道。而改变的前提是，老师必须把学生看成是一个与自己平等的人。当然，这不能停留在口头上，需要班主任创设各种途径，搭建各种平台，让学生自然体会到尊重。

一、搭建立体化的沟通平台

通畅的沟通关系最能让学生体会到老师的平等观。为构建立体化的沟通渠道，让沟通不留死角，我既采取传统的周记反馈，又设置了"对话春哥"、"向我开炮"和作文系列（如"听老杨扯淡"、"春哥初印象"）等环节，尽可能让每个学生都能用自己喜欢的方式与老师沟通。我还留意到，有的学生因为性格内向，不会主动与老师沟通，平台再多他们也未必会利用，但他们并非没有期待沟通和疏导的诉求。对这样的学生，我专门安排可靠的学生留意其生活、学习及心理状况，提醒老师适时与他们沟通。

（一）周记，因自由而真诚

了解学生情况，方法很简单，可以当面询问，也可以私下了解，只要确保申诉渠道畅通就行。比如，大家熟悉的周记，只要确保这个渠道是可以发挥作用的，它也能成为承载师生交流的桥梁。

这么多年，我一直让学生写周记，不同的是，我提倡写"双周"记。周周写，学生负担重，老师压力也大。周记可以写也可以不写，可以交也可以不交，学生是自由的。不想写的，强迫他无病呻吟，无中生有，那是自找麻烦，降低生活品质。愿意写的，一定会用心去写。老师可以把更多的时间花在那些用心和你交流的学生身上。对周记的要求只有一个字：真。要求每一句话都是真实的，都是发自内心的。因为有了自由的权利，这份"真"能在很大程度上得到保障。

下面以物理课代表的周记《对杨春林同志的表扬、批评及建议若干》为例来说明。

在与杨春林同志共事的一个半学期里，我过得非常愉快，也为有一位好老师而感到高兴。从杨同志身上，我感受了"70后"男性所特有的气质、智慧与魅力。当然，我也看到了那个年代的人身上的局限性。

首先，我必须承认，杨同志在教学上取得了巨大成功。他获得了什么什么奖，与孔子一起被印到学校的宣传册上，据说相当牛。他的教育方法以及先进的思想观念，都是他行走在教育界前沿十九年不倒的重要筹码。实际点来讲，他带领我们204班在高二语文这个惨不忍睹的舞台上博得了一席之地且总是名列前茅。再从实际出发，就个人而言，我认为杨同志无论是做人、育人还是教书，都是可圈可点的。首先，他为人就不错。这是作为一个老师所必须拥有的，而且是最重要的品质。在教育方面，他以身作则。在教书方面，他确实是有点本事的，无论是启发、引导学生，调动大家的积极性，还是问题的探究、深度挖掘，都显得游刃有余；再加上适度的幽默、频繁的师生互动，这种老师，让学生不喜欢都难啊！试问，如果你喜欢这个老师，那这门课会学不好吗？

但是，人无完人，金无足赤。我们来谈谈他在教育方面的不足。首先，我觉得，杨同志应该把"我布置的作业是全年级最少的"这句话落实得更狠一点。还有，一对一的指导太少了。还有就是给予课代表的权力过大，这可能导致课代表乱用权力，或利用职位之便谋取不正当利益。虽然这种情况还未发生，但不得不提防，防患于未然。最后，希望杨春林同志早自修不要只是来也匆匆，去也匆匆。有些人自觉性是不够的，像我班物理课代表，他早自修打会儿盹，发会儿呆，看会儿书，迷迷糊糊就过去了，效率极其低下，需要监督。

物理课代表牛马走再拜言

这些活泼、幽默的文字，是自然、健康、和谐师生关系的自然流露。学生开开心心地提意见，老师高高兴兴地看建议，对发现问题、解决问题很有价值。

（二）谈话，因预约而美丽

与学生谈话，对学生发展的意义，是毋庸置疑的。时常聆听优秀教师、专家教师介绍经验，说自己风雨无阻，雷打不动，每天找两个学生聊天，取得了很好的教育效果。我也这样尝试过，但总觉得有点累，加之几次碰壁，让我重新思考如何有效地找学生谈话。

"模考"结束之后，收到学生的一封信，主要意思是："我知道自己考得很差，我很愧疚。你不用找我谈话，我自己会处理好，我知道下一步自己该怎么做。"事实发展果如其所言，在接下来的期中考试中，他打了一个漂亮的翻身仗。

如果我们找学生谈话，他内心觉得并不需要，是不是时间上的浪费，是不是资源的浪费，是不是变相的骚扰？

设想一下，如果沟通源于学生的内在需求，是不是更有价值？是不是能更有实效？鉴于这样的思考，我借助设计"约谈通知单"，确定"沟通日"等途径，优化师生沟通，提高沟通的效益。

具体做法如下。每周三晚上，除非有特殊情况，我一律坐在办公室里，接待学生的访谈、咨询、质疑。如果想和我谈，一时又找不到我，可以填写"约谈通知单"。谈话时间、地点、内容由学生确定；可以谈家庭，可以谈学习，可以谈生活，也可以谈爱情。

这样安排，一来可使沟通常态化，没有障碍。任何学生，只要有沟通、交流需要的，可以随时来找，及时沟通。二来设置专门时间等着学生来，可以让学生更有勇气前来交流。三来预约单的设置，可以避免很想和老师沟通，一时间又没有找到老师，导致时过境迁，想要沟通的内容淡忘、沟通的热情消退、坐失成长良机的情况发生，是"沟通日"的有效补充。

在我看来，主动寻求帮助，主动约谈老师，是现代学生应有的交际素养，不敢或是不愿找老师谈，问题得不到解决，也是成长的代价。话虽如此，预约谈话并非意味着彻底抛弃传统。有些学生还是需要老师的主动帮助，诸如渴望沟通但胆子小的学生、不自觉边缘化的学生、日子优哉游哉没有发现自己存在问题的学生，都需要老师及时、果断出手。

预约的沟通方式，让学生有一个自由选择的机会，让处于被动状态的学生"翻身做主人"。"约谈通知单"要求列出谈话提纲，以便老师能有充分的准备；同时，经过思考的谈话，能谈得更深、谈得更透，让学生更有收获，对他的成长更有帮助。

同时，从约到谈，中间有个过程。这段时间，是学生自我疗养、自我化解的机会。如果自己能解决问题，既是超越和蜕变，也减轻了老师的负担，老师更有条件成为一个"偷懒"的班主任、一个不瞎忙的班主任。最为重要的是，学生获得了自我解决问题的成功经验。今后碰到问题时他就不会慌乱，就会对自己处理问题多一份信心。

要让学生愿意约谈，需要老师有亲和力，需要老师有自己的见解，需要老师值得信赖。如果学生不希望公开沟通的内容，在沟通的时候老师就要特别说明，他的秘密就像放进保险箱一样安全。

学生来约谈，对老师而言，有着正向的心理暗示："我是被需要的，我是有价值的。"这能提升教师的职业幸福感，做一个幸福的班主任。老师和学生交流的时候，就多了一份喜悦，多了一份自信。良好的氛围中，师生交谈甚欢，自然也更有质量。

预约沟通，不急着解决问题，让学生自我沉淀化解，从学生成长的角度来看，远比匆忙出手排忧解难要好。小小的改变，大大的玄机，值得一试。

＞ 附录："对话春哥"预约单

春哥：

你好！

我想在（　）月（　）日周（　）的（　）点（　）分，在（　　　）（场所），就（　　　）（学习、生活、工作、娱乐、人际、亲子、恋爱、家庭等）话题，和你对话沟通，请你提前安排好时间，不见不散。

约谈提纲如下。

1._____

2._____

3._____

预约人：

预约时间：

（三）作文，说扯淡、悟表达

扯淡，不是一个好词，但在生活中运用时，完全可以是一种活泼、丰富的委婉表达。回忆自己的学习经历，老师偶有几次"扯"开去，印象都特别深刻，也颇受益。

因自己的性格，加上语文学科的特点，我在课上也少不了适时"扯淡"，课堂上的开心一笑也是不少。在和学生聊天中，我发现学生不太会表达，沟通能力比较差，说出来的话不能让听者愉悦，这很可能制约他们未来的发展。我突发奇想，能不能借助学科特点，让他们以"听老杨扯淡"为题写作文？这样一方面训练训练学生的表达能力，引导他们把话讲好；另一方面检测一下扯淡效果，收获一些肯定，提升职业幸福感。在之后的作文讲评中，我联系具体作品，既分析如何写好作文，也再一次体验了幸福的感觉。

下面摘录两段文字，一起欣赏，感受幸福。

一

扯淡一词，原是四川方言。若是淳朴、木讷之人，必定想不到能将这两个字组合在一起，造出这么生动的词。所以，能扯之人，必定见识广阔，嘴皮活络。

见识广泛的人，扯淡并不会瞎扯，他们将自己所见所闻、所听所想以幽默的语言表达出来。清代的纪晓岚，学识渊博，成就非凡，他以过人的才华向人们展示了扯淡的魅力。他戏称皇帝为老头子，却能让皇帝高兴，这种本事非一般人能及。听老杨扯淡，没有过多的讽刺、戏谑，更多的是自己的所见所闻，源于生活。听时觉得幽默搞笑，细细想来，却回味无穷。

二

"鲁迅157厘米、拿破仑158厘米、杨春林160厘米！这说明了什么？这说明了身高与成就不成正比！"这就是老杨激情的扯淡时刻，也是我们欢乐而又生动的语文课堂。如果你细细回味这一句句的扯淡，便会发现其中意味无穷。

用心寻找，用心设计，我们身边就会有很多沟通途径和平台可以搭建。让学生写作文，并非语文老师的专利。每一届新生报到之后，我都让他们写《春哥印象》，让他们谈谈对我的印象，沟通从"此"开始，谁说其他学科的老师不能做呢？

（四）信箱，因真实而精彩

先分享一封学生来信——《我糟糕透了》。

杨老师：

最近这几天，我天天都很烦躁，都不知道自己怎么了。之前有好几次想去找你，但由于种种原因我都没去。最近几天不知道是因为要考试有了考前焦虑症，还是因为一次又一次感觉到自己技不如人、江郎才尽而焦虑。或许都有吧。您在班里讲过两次："失败，并非成功之母，成功，才是成功之母。"我现在似乎真的感受到了这句话的含义。

记得去年，有一次我和您谈到了成绩，那时候，我和您说过："我感觉自己真的和别人差了一截，和初中时没法比，完全没有了初中在班里的那种优越感，学习也没有了那种激情。那时，自己就如同老师手里的一块宝，'捧在手里怕碎了，含在嘴里怕化了'。如今，这种挫败感是愈加强烈了。上学期的阴影还没消去（成绩一落千丈）；到了这学期，学着学着，发现自己这儿有漏洞，那儿也有漏洞，真的好受伤。"

原本这一学期，从学期初我就告诉自己要奋斗，要加油。事实上，我也这么做了。到现在，我又不知道该怎么做了，感觉好像没什么效果。平时做卷子，看看别人都是对的，自己却错了好多。

尤其是生物，现在都有些反感了：作业永远都不是当天教的内容，永远都是几个课时之后的，上课听得总是稀里糊涂的，有时候提出问题，老师也不会回答，说我们预习不到位，自己看书去。做作业时问同学，对方最后也总会说一句："这我也不确定，解释不清。"真是越学越没信心。

①预习，可以预习，创新也可以做，但课时的题目真不用做，没学就做，两个字："浪费。"

②上课上完，只有创新和课时，能不能像化学、物理那样出卷子复习用啊？

③有时候自己课没备好，却说我们没预习好。就算要上三个班，那也别每次上课一开始就问："我上到哪了？"

上次查了一下大学的信息，我想考中科大的船舶与海洋工程专业，可是这对现在的我而言，简直就是痴人说梦，好难啊。可心里的欲望又那么强烈，似乎是非它不考。自己有时候总会想，万一考不上我该怎么办啊？自己也只能干着急。

×××

2014 年 3 月 16 日

我的回复如下。

关于找不到好的感觉，心情可以理解，但我得明确告诉你，那种好感觉很难再有了。因为时过境迁，竞争对象不一样了。

关于漏洞，取决于你怎么看，持哪种人生态度，是消极的还是积极的。考试分为检测性考试和选拔性考试，检测性考试就是用来发现问题的，从这一意义上来讲，发现问题是好事，虽然难免让人沮丧。今天发现更多的漏洞并加以解决，为的是未来在选拔性考试中少留遗憾。

重点讲讲生物。当初我知道Ｔ老师教我们班生物的时候，我是很开心的。Ｔ老师人好，教学水平高，之前我和她合作，学生都很喜欢她，成绩也很好。未曾料到，你，或许还有更多的学生这样看待她。今天我终于明白，为何我们在有优势的情况下，在增加晚读的情况下，成绩却退步了。

你的问题有三。

一、你问问题，她不解答，让你自己去找，这让你不爽，你希望老师直接告诉你。可对我而言，Ｔ老师让我刮目相看。她一定不会一律拒绝提问的同学，给出"你去翻书"的回应也仅限于书上有答案的问题，她懂得如何让学生进步得更快。她告诉你，书上有，让你去翻书，让你熟悉教材，你就会意识到，自己书本还没弄明白，这能强化你"书上有答案"的意识。她未曾想到的是，你没能理解她的用意。

二、她要求你超前做题，你接受不了，没学过，做不太来，也让你不爽。Ｔ老师的做法，有着很深刻的教学思想，深得翻转课堂的精髓，其背后的逻辑是先学后教。她没有要求你都懂，就是让你发现不懂。这样，经过充分预习，听起课来会更轻松。带着问题听课，能提高注意力，引发对不懂问题的关注，提高课堂效率，只是你更习惯先教后做。不同于习惯的做法，让你难以接受。她的教学给你带来了困扰，问题却不一定出在她身上，我们可以尝试接受并领略新教法的魅力。

三、她总问大家，上节课上到哪里了？你总感觉她备课不充分，难道问"上到哪里了"只有课没有备好这一解吗？刚上课的时候，老师往往先温习旧的知识，通常有两种做法：一是老师自己复述，二是提问学生。这个时候，同学们往往还没进入状态，你说哪种效果好？不用你回答，肯定是后者，因为老师的提问能让学生警觉。老师问同学们上到哪里了，是不是比直接开课更有智慧？

师生关系，是最为纯粹的人际关系之一，没有什么不能谈，没有什么不能说，只要是发自内心的，都可以摆到台面上来，灯不拨不亮，理不辩不明。

二、以平等的姿态和学生互动

沟通渠道畅通了，班主任如何对待，将决定之前的沟通有没有真正的价值，也将决定今后能不能继续畅通有效地沟通。在我看来，关键就一个词：平等。对平等的理解，每个人都可从不同角度得出不同结论。学生对平等的理解，不会只满足于教师对平等的解读，也不会只满足于教师对平等的公开表态，他们喜欢从最直观的行动中来感知。我举两个例子来谈谈我是如何让学生感知并且享受平等的。

（一）问责老师：老师，你独裁专断

高中生，特别是男生，他们往往不喜欢集体运动，比如课间操、集体跑什么的，而班主任为了配合学校，往往命令学生参与集体运动。为此，我曾经受到学生极为尖锐的批评。

为迎接杭州市高中生体育素质检测，根据学生身体素质的现况，体育组、高三年级组老师经过研究，决定在体育锻炼课时间里，统一组织学生进行冲刺训练——所有学生按指令进行集体跑。原本可以自由活动，突然间被约束起来，学生难免有怨言。果不其然，在第一次集体跑步后，一名男生就来找我，沟通关于体育锻炼课跑步的事情。此生言辞犀利，步步紧逼，我花了大力气才得以顺利应对。

生："体锻课"跑步，是整个年级的事情，为何不听听我们学生的意见就擅自做主？我们应当推行民主，对集体事情进行公投，杨老师您一个人拍板决定，未免太独断专行。

师：中国走特色社会主义道路，综合国力蒸蒸日上。这就证明了，好的制度必须符合实际情况和人民利益，而绝非照搬照抄别人的经验。治国如此，管理年级同样如此。民主固然值得我们推崇，但要让整个年级走上正轨，具体问题具体分析是必不可少的。并不是所有事情都要进行公投，并不是所有的决定都要和你们商量。况且，这个决定是经过高三年级组和体育组老师反复讨论而形成的，并非我一个人的主意。我们秉持着以学生为本的理念，站在你们的角度，为你们的身体健康和终身幸福着想，才决定让你们统一跑步。身体是革命的本钱，高三是艰苦的一年，人生是一场持久战，没有良好的身体素质做保障，一切都是空的。

生：既然如此，为什么现在才开始？马上就要体能素质检测了，才组织我们跑步。这种做法显得太功利，与老师"十年树木，百年树人"的理念似乎有所违背。老师就是老师，而不应该商人气息太浓重。

师：体能素质检测如同高考，不管你之前的掌握情况如何，你都要跟着老师进行一轮、二轮、三轮的高考复习。体能素质检测同样如此，考前突击一下，针对薄弱环节集中力量攻克，恰恰能确保之前的训练效果。

生：那跑步就是单纯的跑步好了。在跑步前，杨老师还进行了长篇大论的演讲，浪费了我们不少时间。

师：作为年级组长，管理高三年级是我的职责。作为老师，教书育人是我的本分。昨天下午是第一次集体跑步，难免要先统一思想。昨天花长时间给你们讲道理，是为了以后能够快速完成，节约时间。

生：讲就讲好了，可是在大家都很吵的时候，你说了一句："你们吵便是了，我陪你们等，我有的是时间。"这样的表述是否欠妥？

师：杨老师从教十多年，无数次类似事情都验证了一条真理：在如此空旷的场合之下，我叫你们安静，就算拿着话筒喊破喉咙也是无效的。我只是在特殊情况下采取了特殊的手段而已。

生：往届高三也要进行体能测试，但他们都不曾组织统一跑步，为什么轮到我们这一届就要这样做？你这样做有何依据，能否拿出相关文件来支持你的行为？

师：往届高三的事情与你无关，你没有关注而已。况且，为何我们一定要与他们一样？我们的实际情况与他们不同。根据上次"国检"成绩反馈，我们这一届的身体素质实在有所欠缺，需要额外的锻炼来提高。

给出这段对话，想说明以下两个意思。第一，做学生的思想工作很重要，也面临很大挑战。我们为学生做出如此周全的考虑依然可能遭受这样的责问，但我们只能坚持我们选择当教育工作者的初心，不能一味呵斥指责，靠压迫来执行正确的决定。第二，学生的想法不容小觑，剥夺他们的自由活动时间，在他们看来，简直是不可容忍的，他们会用我们意想不到的方法来反击。

所以，我们能做的，一是考虑问题时要反复思量，以求周全；二是要考虑学生的感受，在平时的活动中，充分给予他们活动的自由选择权。

（二）模拟法庭：向老杨开炮

1. 事情起缘

某天大课间跑操，班级里竟然有十几人缺席，理由都是去上厕所。我批评了相关同学，并提出要求，下课之后马上集合，待跑操结束后再去上厕所，以免影响班级整体精神风貌。

其他同学都答应了，小洪说他做不到，并进而提议，让我给他签请假条，以后跑操不参加，自己在另外的时间去补跑，同样可以达到健身目的。就我对学生的了解，一则主动去补跑几乎不太可能，二则如果我同意了他的要求，其他同学纷纷效仿，同意还是不同意？班级管理的原则又该如何坚持？我拒绝了他的要求，而他却坚持自己的观点，我们谁也说服不了谁。

于是，班级法庭启动，由全班同学来决断。也借这个机会，让学生们把所有对班级管理不满意的地方，一并拿到桌面上来谈。

2. 准备阶段

小洪召集并成立了原告五人团，在全班范围内进行"诉讼"资料的搜集整理。我在教室里看到学生兴奋地传写纸条，纸上都密密麻麻地写了很多。看到我，小洪还向我挥了挥汇聚了全班智慧的"状纸"，好像在炫耀他们前期的充分准备。

根据相关程序，确定了本次"法庭陪审团"的七名成员和一名当值"法官"，当然都是学生。我不甘落后，征求大家对班级大会的意见，希望物色四个学生替我辩护。结果学生立马学样，以不符合班级规定为由严词拒绝。看着他们自信满满的样子，我很期待他们的表现。

3. 庭前约定

双方尽最大可能，撇开老师和学生的身份，进行一场成人间的理性对话。不意气用事，就事论事，不进行人身攻击，文明用语。重中之重，必须讲真话。如有违规，陪审团有权终止发言。发言交替有序进行，发言完毕，说"结束"，或者说"谢谢"。对于审判结果不服，可以上诉，但在更高一级裁定结果未出来前，必须服从判决。

4. 法庭现场

分以下环节进行。

第一个环节：关于跑操时间能否上厕所的控辩。

第二个环节：关于老师的教育方式是否带有欺骗性质的控辩。

第三个环节：关于老杨有否做到以身作则的控辩。

第四个环节：关于"呵斥事件"对学生造成伤害的控辩。

第五个环节：关于是否歧视暂时落后同学的控辩。

结束：各有胜负，二比二平，基本达成谅解。其中一项各有理由，难以裁定，悬而未决，让时间来判定。师生握手，拥抱，合影。

5.庭后反馈

[评审团 @ 原告]

感谢你为我们带来了两节与众不同的班会课，让我看到了师生间一些矛盾的地方，也让我领会到语言在交流中的魅力。

法庭上双方辩论得有理有据，陪审团和法官的审判都让我深深认识到法制的优越性。双方最后在各个问题上都达成了很好的共识，每个问题也有了双方都满意的解决方法，皆大欢喜。从高二到现在，各种不痛快的事情都可以翻出来，寻求解决的途径。

模拟法庭是一种解决问题的好方法，但我认为师生间应彼此信任，共同迎接高考。

[原告 @ 老杨]

这次活动让我明白了，其实每天同处一间教室，同学间也会有如此大的观念差异。在这个过程中，我们也有许多分歧，这让我明白了人与人的不同。

这次活动也让我重新审视了杨老师。现在我发自内心地认为您是一位优秀的教育者，有令人叹服的口才，也有让人佩服的胸怀。

[陪审团 @ 老杨]

首先，作为陪审团成员，我感到公平地对待一件事真的有难度，有时在投票时也很茫然，正如你说的，永远不可能有百分之百的客观。

其次，昨天所有的讨论，都来自"在我们做错之后你的处理是否妥当"这一中心，所以不论老师是否有问题，我觉得自己更应该做好。其实，自己做好了，问题也就没有了。所以先想想自己的错，自己有错。

再者，就是在过程中，我也习得了一些表达方式。比如，如何将不利的形势转化为有利的。

总之，模拟法庭益处颇多，我们也应多"三省吾身"，做最好的自己，说最有水平的话。

[听众的声音]

◎ 首先，模拟法庭作为一种新颖的班会形式，极大地促进了师生之间的理解和沟通。整个过程和谐、有序、公正、公开。这种无隔阂的交流方式推动了对教育方式方法的探索。其次，模拟法庭也让我们懂得：一些事情要多站在对方的立场思考。通过模拟法庭对一些事例的分析，也让我们看出了老师和学生在处理事情上的漏洞。俗话说"金无足赤，人无完人"，望师生共勉。我希望，师生都能牢记自己在"法庭上"做出的承诺，并尽力遵循。

◎ 在法庭上，我感受到了思维的碰撞，双方在理念有差异的情况下，积极寻求解决问题的途径。法庭上的激烈辩论，让我们了解到，一切冲突都源自双方不同的出发点和立场，在深化对问题理解的同时，也丰富了我们的思维方式。

[家长的反馈]

活动内容新颖，活动形式独特，学生敢于说真话，老师敢于承认不足，不同的观点也闪耀着智慧的光芒。这是一堂高质量的主题班会，这样融洽的师生关系也令人羡慕。

理想的师生关系，应当是亦师亦友，亦生亦友，因为我们都在为一个共同的美好愿望而努力，努力在彼此的生命中留下无法取代的印记。尽管在三年的相处中，老师和学生之间可能会因为各种原因而产生各种冲突，但冲突之中，何尝不是更深刻的思想碰撞、个性相融？起起落落、曲曲直直，可以使三年的高中生活变得丰富多彩。

师生之间并非敌我关系，无论发生什么冲突，都可以敞开心扉，畅所欲言。强化交流意识，完善沟通途径，应当是老师一直坚持努力的方向。正因如此，我策划了本次模拟法庭活动，希望借助这项活动，搭建一个师生交流的平台，给学生倾诉的机会。从某种意义上讲，我在借助班集体的力量来达成教育目的；同时，也让自己从神圣的三尺讲台上走下来，和学生站在同一高度上，从教书育人的长者变身为平等交流的同龄人。

模拟法庭，把老师摆在了被告席，接受全班同学的质疑和考量。活动的开展，需要很多前置条件：班级应当是素来主张民主的，班里的师生关系应当是和谐的，老师应当有接受同学批评的雅量、向学生道歉的勇气、对学生有充分的了解、有灵活的应变能力。

组织模拟法庭不是为了吵架，而是希望在开诚布公的交流探讨中，加深对彼此的了解，从而让学生修炼出平和的心境，每天走进班级时都能满怀欣喜之情，对生活中发生的不平之事学会说出或放下，以饱满的热情和昂扬的姿态学习、生活，享受班级这个大家庭带来的浓浓幸福感。

三、给学生一个悦纳的解释

任何行动缺少了真诚都会失去意义和价值，冷冰冰的交流只会让学生见而生畏，从而深埋内心想法。学生的时代性很强，很多事情的对与错，可能在时代变迁中已经发生了变化，教师的行为也可能因没有跟上时代潮流而不被学生接纳。这个时候，教师的掩饰会让学生远离。其实，真诚回应，及时承认自己的失误才是最好的方法，这也是学生最希望看到的。我就遭遇过一次。

我校宏志生由于离家较远，周末一般不回家，学校提供场所让他们自修。周六下午临近上课，大部分同学都已经在教室了，可一小部分男同学却迟迟没来。问学生寝室里还有人吗，说有的。问他们在干吗，稍作迟疑，说是在下棋。从那一瞬间的迟疑中，我觉察到事情并没有那么简单。

我匆匆赶往寝室，想一探究竟。推开寝室的门，好家伙，那个热火朝天！六七个同学围在一起，正忘我地玩着"三国杀"，我站在他们身边也没被发现。

在我的概念里，"三国杀"是纸牌，在学校是不能玩的，于是我当场没收了纸牌并批评了当事学生。但从当时学生的表情来看，我隐隐感觉事情并未了结。果不其然，我很快就收到了学生的抗议书。

今天玩"三国杀"被没收了。你问了一句："谁允许你们玩'三国杀'的？"

当时我有些紧张，所以没想太多，现在想起来，有些不服气。如果下棋都可以下的话，为什么不能玩"三国杀"？这只是形式不同，一个是用棋子，一个是用纸牌。我们没有打扑克，没有赌钱，没有在学习的时间玩，只是用周末的一点闲暇时间在寝室里稍微放松一下，有什么错？

况且我认为打扑克只要不赌钱都是可以的。如果你说下棋需要思考，可以锻炼脑力，那么，玩"三国杀"何尝不是呢？但是如果你说任何纸牌游戏在学校里都是要禁止的，那么我问一句，我周一刚刚报名的桥牌班是不是也不能正常开班呢？

可能你会说，人在抛弃一切杂念时，可以达到最高的学习效率，但是，我们只是人，一个普普通通的人，不是说想放弃就可以放弃，想抛弃就可以抛弃的！一周的学习本就辛苦，而在周末这不足10小时的自由时间里，我们为什么不可以稍微"放肆"一下呢？

假如是因为我平时学习不够专注就剥夺我的周末，那么我就更不能接受了：就算是平时我该学习的时候不学习，这是我的错，你怎么批评我都不为过。但是周末本就是放松的时间，而要强迫我放弃应有的娱乐，我难以接受！

唉，不想再写了，要落泪了。真想回家啊！

我赶紧搜索"三国杀"的相关资料，做足功课后，到教室做了回应，表达了我的态度。

同学为自己的权益作斗争，行为本身很值得肯定。如果一个人连自己的权益都不能捍卫，这是很可悲的。对于学校里能不能玩"三国杀"，我之前有过思考，也曾为此纠结过，最终我倾向于禁止。

原因很简单，同学们的自控力还没到收放自如的程度，过去曾出现半夜起来玩"三国杀"的情况，造成极其负面的影响。要是学校同意同学们玩"三国杀"，学校一定会掀起玩"三国杀"热，家长来校看到如此局面，会做何感想？至于学校开设桥牌课，有规定的时间，有固定的地点，接受老师的督促，两者并不能相提并论。明令禁止搞一刀切，可能确实不是最好的选择，但学校也有学校的难处，强烈建议同学们多参与大众接受的娱乐。另外，"三国杀"纸牌，是你们的个人财产，老师不想据为己有，也无权据为己有，老师只是暂为保管，何时归还，我们协商决定。

有了这个真诚的回应和解释，学生们基本上都接受了，当然后续工作还有。但有了这个良好的开头和真诚的氛围，事情解决起来就顺利多了。

无独有偶。某日，庄同学值日，结果被扣分了，因为值周老师发现教室走廊上有一张纸。

负责班级扣分统计的同学找到我，问我如何处理这张扣分单。我明白她的意思。我们整个高二年级，秩序井然，每个班的卫生工作都做得很好，值周老师为了能扣到分，简直是煞费苦心，每次来检查时，都瞪大了眼睛，不放过任何一个角落。在这种情况下，这张导致扣分的纸，我有理由相信，是别班同学倒垃圾经过或者其他同学经过时不小心掉下来的。前来询问的同学其实要表达的是，这次扣分能否按特例处理，或是直接注销，不纳入班级常规考核，否则对庄同学不公平。

说声"好的"很简单，而且相关同学都会很高兴，但这件事发挥了它的意义了吗？这次是无辜的，谁又能说下次就不无辜了？那么，值周老师的检查、扣分还有没有意义？我应该和学生分析一下这件事。

我告诉同学们，我可以相信庄同学是无辜的，我也希望同学们思考一个问题，一个人要成功，除了实力，还要什么？学生异口同声地说，还有运气。

我说确实如此。细细追究起来，硬是要说庄同学有责任，也并不为过，他有责任在晚自修开始的时候，检查一下自己的工作。这样，这个问题就可以避免。再说，类似的情况，今天不会是第一次，也不会是最后一次，如果都要具体情况具体分析，会牵扯很多时间，个别不理性的同学，也就不会深入反思自己的行为，还会去找各种理由，让自己的过错合理化。鉴于此，庄同学还是必须承担他的责任，并且在今后，我们把这件事当作一件标志性事件来看，以后类似的情况都按此处理。

对于我这样的处理方式，同学们没有异议，并同意此后遵照执行。学生内心渴望公平，渴望自己能得到最大限度的重视和理解，但极容易忽视公正，也容易忽视更深层面的内涵。面对这些看似错误的评价，给出一个合理的说法、真诚的剖析、入情入理的解释，学生内心还是会接纳的，这也能使学生跳出自己的圈子，学会更开阔地看待问题。

四、开出学生期待的家长会

家长会，表面上看是教师和家长的沟通活动。内容大多是教师向家长反馈学生班级情况，提些要求，家长从中获得学生的在校信息。这也是家校互动的基本内容，可以对学生的发展起到积极作用。

但学生是怎么看家长会的呢？在很多学生看来，家长会就是告状嘛！教师向家长告状，希望家长配合教育；家长向教师告状，希望教师加强教育。结果是学生"吃苦头"，回家要被家长骂，回学校老师又要找时间批评教育。所以，大部分学生对家长会其实是有抵触情绪的。

那么，家长会上不讲学生的问题可以吗？不开家长会可以吗？这样，会不会成为一种对问题的回避甚至是逃避？会不会因为缺少了家长的外力，导致学生失去学习上的动力？

家长会好像不能不开，学生的事也不可能不讲。那么，我们能不能开出既是学生期待的又能起到积极作用的家长会呢？家长会是为学生而开的，学生有权知情，甚至可以参与其中，共同策划家长会的流程和内容。

于是，在家长会前，我向全班征集家长会内容。学生们展现出极大的热情，交上来很多点子。

我有一个梦想，不论考好考坏，让家长开开心心带我们回家，而不是相反。

孩子在学校，家长两眼一抹黑，可以反馈学生在校的表现、作业的上交情况等。制作成绩发展趋势图，让家长对自己孩子成绩的走向，有一个直观的了解。

介绍班级的特色工作，比如班级"静"文化，比如"冥想"等。

播放照片，展示学校生活，呈现收获的成果，比如"最美班级"、"最美寝室"等荣誉，让家长了解真实的我们。

家校合作，群策群力，讨论如何提高成绩，让成绩在原有的基础上有所突破。

家长会必定会谈到成绩，考得好的，一定要大力表扬，大大地表扬；考得差的，可以委婉地表达一下。

除了讲成绩，也可以多展示我们的其他方面。比如，刚做好的成人礼视频，比如运动会的入场式。

期中考试分析，明确我们的优势和劣势，树立几个由弱变强的正面典型，让家长对自己的孩子充满期待。

家庭教育指导，改变家长的家庭教育理念。不要考好了什么也不说，考差了就说我们不认真。指导家长如何陪伴孩子顺利度过高三。

对家长进行心理疏导，化解他们的焦虑情绪。

和家长沟通，引导他们关注我们的心理。父母的认同和鼓励，是我们的坚实后盾。如何演绎，就像你上课那样轻松就行。

提醒家长不要给我们施加太多压力，你教导我们坦然面对考试，但很多家长做不到，在家长会上可以教给家长考前为孩子减压的方法。

让家长明白目前的高考形势，初步了解孩子大致能上什么样的大学。

提醒家长转变工作重心，最后一年，除了自己的工作，应多关注大学、志愿、专业等，和孩子并肩作战。

要求家长在家里收起手机、电脑等娱乐产品，督促孩子多学习少娱乐。

建议家长和孩子一起制作计划表，寻找应对措施，破解存在的问题。

家长会的目的是统一认识，不但是老师和家长之间，也是学生和家长之间统一认识的机会。家长会后留几分钟时间，让家长和学生来一个面对面的交流。然后班主任以主持人的身份，搭建平台，向家长或学生提问，进行现场互动，强化思想，活跃气氛，促进交流。

可以向优秀家长借力，请优秀家长分享一下教育经验，给其他茫然不知所措的家长以启发。

建议家长会不要开得太长，准时结束，尽量不要拖堂，以方便回家。

这些学生的建议，告诉我们三个信息。第一，学生清楚家长会的性质和作用，也希望家长会能起到对自己学业的促进作用。第二，学生不希望家长会只是通报成绩，而是引导家长如何理性有效地分析成绩，并关注其他非智力因素，与学生一起积极面对。第三，学生希望家长会主要是研讨，以正面积极、充满正能量的氛围为主。而我们长期以来的家长会往往只重视了部分内容，而忽视了学生的情感、心理等方面的需求。所以，我们必须改变自上而下的想当然的做法，而应该从学生出发，开出学生期待的家长会，从而发挥家长会应有的作用。

家长会如期召开，有和以往一样介绍班级情况、通报学生成绩等环节，也有彰显学生意志、引导家长参与研讨的流程设计。看起来只是多了一两道程序，但这个家长会是根据学生所需而开的，会后，学生和家长的交流、沟通顺畅了很多。

五、赋予惩戒更人文的关怀

学生的错误或问题，有些是说几句就可以了，有些甚至可能都不用说，学生自然就从周围的反应中觉察出问题，自行修正了。但是，学生毕竟是孩子，如果他们只是接受了"出问题没什么大不了"的信息反馈，他们的成长是要出问题的。

惩戒，作为一种教育手段，依然有存在的必要和价值。我们当然不是提倡体罚和变相体罚，也绝不以侮辱性批评进行所谓的刺激其成长。惩戒，必须是有规律、有章程的，必须是引导学生正视错误或问题，并以某种决心和意志让自己铭记教训。所以，惩戒，依然可以是学生的一次成长机会。但是，如何让学生感受到这一点呢？我们要多想些点子，改变传统做法，给予学生尊重和关怀，让惩戒也多一些人性的光辉。

（一）"扬翼班"责任计划方案

利用拟定"班名"的机会，我和全班同学一起讨论了责任事宜，推出了"扬翼班"责任计划方案，借助填写表格，引导学生深入思考，明确责任，做最优秀的自己。方案内容如下。

"扬翼班"责任计划方案

责任人：＿＿＿＿＿＿

[我要求自己]

这是我的责任。

我要对自己的一举一动负责。

我将说到做到！

[填写注意事项]

1. 不要使用"试着、从不、经常、从今以后"等词语。

2. 不允许为你的行为编造理由。你要对自己的行为负责，不要推卸给他人！

3. 回答要详细、谨慎，用语要完整，不能只写短短几个字。

4. 这份表，能帮助你更加了解自己，并引导你反省自己的行为，设定目标，避免在今后相似情形下再犯错误。

[责任计划方案]

1. 我被带（转介）到办公室是因为：

_____

_____

（转介原因提示：扰乱课堂、顶撞老师、不做作业、迟到缺勤、违纪扣分、外出上网、打架斗殴、偷窃舞弊等。）

我选择：

A. 承担责任，认真填写下表（　　　）

B. （有合理的理由）为自己辩护，获得谅解，不填表格（　　　）

2. 事件的详细情况是：

_____

_____

_____

[以扰乱课堂为例示范，你要完整回答：你扰乱的是什么课？这堂课的任课教师是谁？在你扰乱课堂的时候，课堂上正在做什么（或应该做什么）？详细描述你扰乱课堂的经过。请解释你为什么扰乱这堂课。你在其他课堂上出现过类似的问题吗？如果有，请描述当时的情形。这一次，任课老师怎样处理的？用了多少时间？请说明，你选择不当行为满足了何种需求。]

3. 这次被带到办公室本可以避免的，如果：_____

4. 以后，我会对自己的态度和行为更加负责，因为我想：_____

5. 我的责任和改进计划书：

（请在下面写出：如何避免下次再犯同样的错误？你"需要"怎么做，才能让自己有所改进，请写出改进行为的三个重要步骤。）

_____

_____

_____

6. 我将从_____年___月___日起照计划行事，为了使我的这份计划得以实现，我会请_____给予我帮助。最终，我要和_____一起检查计划实施的结果。

7. 阶段性核查时间：_____年___月___日，学生实现计划目标：是_____否_____。

终极核查时间_____年___月___日，学生实现计划目标：是_____否_____。

教师简要评语：

_____

_____

_____

8. 我知道，根据情节轻重，以及填写次数，将做出请家长、回家反思或是交由学校学生处（德育处）处分，以便于督促我能够对自己的行为做出负责任的决定。这是我第___次填写此责任计划方案，我将反思自己的行为，用心过好每一天，争取每天都有所进步。

学生签名_____日期_____

老师签名_____日期_____

家长签名（如果在场）_____日期_____

处理学生的违纪行为，不能除了批评、惩戒再无其他。在学生看来，因为犯了错误而受到批评甚至处分，那么他的错误就已经被批评或处分抵销了。但实际上，他并不一定能从批评或处分中收获反思。我们需要给学生独特的体验，让学生体会到老师的真诚与爱心，更让学生思路清晰地反思自己的问题。这样，学生才会从惩罚中收获成长。

（二）关于周末"睡懒觉"迟到的研究报告

班上有宏志生，周末一般不回家。根据学校的规定，如果不回家，周末早晨 8 点钟要到教室自修，可总有部分学生迟到，有两三个学生几乎每次都迟到。通报家长或许能给学生一定压力，但绝对不是上上之选，有没有更好的解决办法？我让他们撰写《迟到研究报告》，要求每人进行分析研究，最后整合成一个 2000 字的研究报告。真的不能小觑学生的能量，不论是个体的报告，还是群体的报告，都写得不错。

1. 个体研究报告

星期一到星期五的学习压力较大，周末终于找到一个较为宽松的环境。而这次原因更为特殊，管理人员不在，杨老师又外出，内心就更为松懈了。

最浅层原因：上次家长会时，我弟弟把闹钟插电池的弹簧给拔掉了，闹钟不能用了。

浅层原因：我把被子踢开了，半夜冻醒了好几次，没睡好。

中层原因：听说老杨周末出去，金牌管理员也回家了，我心里就很放松，做事很随便，有一种"山中无老虎，猴子称大王"的感觉，到点时没有立刻爬起来。

深层原因：期中考试后，我有所进步，有些骄傲，就开始放松。

最深层原因：也是最主要的原因，还是我的延时满足能力差，即自控力太弱。一旦外界的压力有所减弱，就会变得更懒散，随性而为。

解决的方法就是：买个闹钟。

如果没睡好我还是爬不起来，怎么办？睡觉前把保暖工作做好，保证充足的睡眠。

如果老杨出去或值日的同学回家了，怎么办？锻炼我的思想，不断催促自己，一切都和平常一样做。

如果是由于进步导致全身心放松，怎么办？和学霸进行对照，发现自己的不足然后使自己重新投入学习中。

2. 群体研究报告

迟到类型如下。第一类，起床困难户。他们真的是一睡睡到天明，雷打不醒。第二类，自我催眠师。明明已经睡醒了，却要暗示自己再睡两分钟。第三类，集体迟到主义者。这种情况有些像"中国式过马路"，等人多了，齐了再走，往往因为一个人的拖拉而导致集体迟到。

原因如下。①客观现状。周末的管理会宽松点，可以睡得晚一点，以寝室为单位的小伙伴们便聚集在一起谈谈理想，聊聊人生，有时就会越聊越兴奋。②作业量的因素。当晚上作业量达到一个可怕的地步时，第二天早上早到的人数会剧增，迟到的人数则会下降，同样，考试前一段时间内迟到的人数也会相应减少。③外在压力。当然，如果有死命令说不准迟到，则第二天不出意外的话就没人会迟到。可见，外在的压力，会迫使人早起。相反，迟到的人数则会增加。④没有期待。当一个人心中有所追求，有所依恋，如一个承诺，或为了某一个人，则他不可能迟到。另外，闹钟不准、回笼觉一睡到8点等，都可能导致迟到。当然，上面的都是表象，深层的原因是不够成熟，缺少自控力，以及对学习的热衷度不够，对自己的要求太低，缺少学习驱动力。从心理上分析，迟到的人大多数都有一个共同点，那就是内心没有负担，亦或者说内心没有目标和期待。

解决策略。方法总比问题多，只要动脑，方法总是有的。我们认为至少可以有下面这些方法。①晚上睡觉前，躺着默念100遍我明天要7点起床。某著名心理学家做过调查，在默念100遍以后，大脑深处会自动刺激人体生物钟，这样可以达到准时起床的目的。②明确学习目标，找到学习动力。内心有了这份驱动力，就会产生一分责任心，就可以提高对学习的热衷度，就会提高对自己的要求。因此，解决一个人迟到的最好方法就是找一个目标，一个能让他有所寄托的人、事或物。③当然，外在的压力也可以，外在的压力也能改变一个的行为，一个行为的改变有时也能影响人的内心。④提高起床速度。这样既可以使睡眠时间最大化，又可以保证不迟到，实在是一举两得。⑤我们还要贯彻落实班级核心价值观，把它烙印到我们的心里、梦里、记忆里。这样耳畔时刻就有老杨的声音在回荡，有同学们的读书声在回响，我们怎么能不立刻投身到这滚滚的读书潮流中去呢？

学生很懂道理，所以，老师只是一味地说道理，其实并无多大益处。转变一下角度，让学生自己去分析、研究，直面自己的内心，这样的惩戒，岂不有意义得多？

（三）撰写《走廊上不许撕名牌》的议论文

随着《奔跑吧，兄弟》的大热，"撕名牌"也流行开来，紧跟时代潮流的年轻人纷纷寻场地体验一把厮杀的快乐。在某个傍晚，班上的一些学生在走廊上玩起了撕名牌，导致其他老师跑来反映情况。

"撕名牌"确实是一个有趣的活动，只是在校园里贸然、无序地进行肯定不妥。如何让学生明白这一点？于是，我改变策略，让学生每人写一篇议论文——《走廊上不许撕名牌》，规定时间上交，并进行讲评。

交上来一看，比想象中写得好，效果自然也比老师"念经"要好。

走廊上不许撕名牌

从 Running Man 到《奔跑吧，兄弟》，"撕名牌"这个游戏从韩国红到了中国，并渐渐被我们所熟悉，引起了一波又一波的撕名牌热潮，也让我们萌生了一个念头——将它带入我们的校园。但在带入校园的同时，应注意场合，我认为，走廊上不宜撕名牌。

为什么走廊上不能撕名牌？因为它涉及一个老师多次强调并且永远放在第一位的问题——安全问题。走廊空间狭小，而"撕名牌"是一种大范围的游戏，在走廊上撕名牌很不安全。走廊上人很多，在走廊上撕名牌很有可能就会撞到人而导致受伤，这不仅伤害了自己还伤害了别人。即使没有很多人，走廊空间小，撕名牌的动作一大，就会撞到栏杆或者墙壁，同样会导致受伤。就算是空旷的走廊，也有可能因为地滑而摔倒。总之，走廊上不宜撕名牌。

你有可能会说这些后果都是我想象出来的，根本没有那么恐怖。其实不然，我认为，我们在做一件事情之前就应该做好最坏的打算，由此来权衡利弊，从而考虑这件事应不应该做。更何况上述结果并不是危言耸听，如今有太多安全事件发生在我们身边。海南校车事件，造成一车人伤亡；上海外滩踩踏事件，造成许多家庭悲剧；校园踩踏事件，全国各地都有发生。这些触目惊心的人间惨剧让我们明白了危险其实就在我们身边。我们必须时时警惕，时时提防。要明白什么事情能够做什么事情不能做，这样才可以防止人间惨剧再次发生。

同时，我们应该提高安全意识，学会保护自己，危险的地方不能去，危险的事情也不能做。而我们学校里也存在着安全隐患。比如，当中午下课铃声一响，同学们便像脱缰的野马一样飞奔去食堂。你有可能会说他们这是热爱学习，而在我看来，这是一个安全问题。走廊很狭窄，万一一个人摔倒了，后面的人没看见，直接踩了上去，后面的人继续奔跑，一个接一个踩了上去，踩踏事件便可能由此发生。

由此可见，在走廊上不宜撕名牌，安全问题重于泰山。我们必须怀着一颗谨慎的心，本着安全、平安的原则来思考问题，让安全事件远离我们的生活。

相比教师居高临下的批评，同龄人的思考更容易触动学生内心。在作文讲评课上，和学生们一起分析这些思路清晰、逻辑严密的文章，体会走廊上不能撕名牌的多重原因，由此及彼，由个案至更大的范围，每个人心中的安全意识都得到了强化。

这一次作文形式的惩戒，避免了师生之间可能的摩擦，也实现了学生的自我成长；从学科角度来讲，学生还学到了如何写好议论文，可谓一举多得。

六、修炼学生欢迎的品质

都说最能影响学生的是教师的人格魅力，那么教师该如何锻造自己的性格、品质呢？一个班级四五十个个性迥异的学生，他们各自喜欢怎样的老师？学生将来以怎样的性格、品质走向社会，教师又该如何进行引导？所以，很多时候，教师不是发挥某种天生的性格、品质就够了的，更不能满足于既有的优点，还需要贴近学生，紧跟时代，主动积极地"修炼"受学生欢迎的品质。

美国的一名博士曾经就"你心目中喜欢什么样的老师"这一问题，收集了9万名学生的回答，从中概括出学生心目中"理想教师"应该具备的12种品质：①友善的态度，②尊重课堂内的每一个人，③耐心，④兴趣广泛，⑤良好的仪表，⑥公正，⑦幽默感，⑧良好的品行，⑨对个人的关注，⑩伸缩性（能够有错就改），⑪宽容，⑫有方法。

类似的研究国内也有，比如在网上搜索到的"好老师的标准"：①公平公正，②民主，③体谅，④仁慈，⑤耐心，⑥鼓励，⑦欣赏，⑧幽默感，⑨博学多才，⑩言行一致。

几年前，第一次看到这些信息时，很受震撼，深感自己的修为不够。几年间，一直有意识地对照这些标准，进行自我修炼。

比如"公平公正"。要做到绝对公平公正，那是不可能的，但我们对公平尽力追求，在现有条件下实现"公平公正"的最大化，可以让学生感受到我们的真诚与努力。比如在处理班级问题时，力争男女生对等，优秀学生与后进学生一致。

比如"体谅"。学生首次扣分，或者某个问题首次出现，我基本上都免责处理，毕竟在那么多、那么细的扣分制度下，也应该体谅学生的不容易，尽量为他们提供具有安全感的生活环境，而不至于因为怕被扣分或者因被扣分了而提心吊胆、惶恐度日。

比如"言行一致"。不涉及道德层面的诚信，生活中"言行不一致"的情况每个人都会有。有时，有些说过的话，明确过的要求，或是时间长了，或是事情多了，忘记了，也就不了了之。但这样无心的疏忽，在学生看来就是"言行不一致"，很容易造成学生的不信任。鉴于此，我一方面用好行事历，事前有计划，事后有标注，尽量减少类似的疏忽；另一方面，每个学期结束，我都开"向我开炮"的主题班会，自己做得不对或者不够好的，坦然接受学生的"炮轰"，为自己不够完善的行为做力所能及的弥补，在学生的犀利批评和自我的大气接纳中完成一次蜕变。

有好的标准，当然也有不好的标准，又有哪些行为、性格、品质是学生最不喜欢的呢？结合生活实践和网络搜索，学生最讨厌老师的不良表现有：经常训人、过于严格、情绪不稳定、给学生留做不出来的作业、不耐烦、没有同情心、不和学生在一起、讨厌学生、服装不整齐、不笑、爱说坏话、体罚学生、不公平、一名学生出事责备大家、偏爱、教法不好、不易接近，等等。

仔细对照，也很有警醒作用，有很多条，只要稍加留意就可以避免，也就不至于让学生讨厌。

比如"经常训人"。训话，是教师的常见行为，甚至是教师的基本工作，没有哪个老师敢说自己不训话的，但重复无效的训话确实起到负面影响。我克制住自己一看到学生出问题就批评教育的冲动，坚持一个月全班集体训导不超过一次。学生私下以对话沟通为主，借助有利条件或者合理契机，深入剖析，用一次让学生痛苦而又深刻的经历代替多次不痛不痒的左耳进右耳出。

比如"不和学生在一起"。因年龄、身份的差异，有很多老师还端着师道尊严，高高在上，导致师生之间有鸿沟，严重影响教育效果。我的学生就曾明确告诉我，希望我多到教室里走走转转，多去陪陪他们。在学生看来，多到教室走走，他们就认为这是一位和学生在一起的好老师，其实这要求已经很低了。多走几步路，多转几个圈，有心去做，真的不难啊！

比如穿着打扮。不是非时尚潮流不可，起码的整洁一定要做到，毕竟为人师表，外在形象的基本打理也是很重要的。当然，偶有的小意外，比如早上起来略显凌乱的发型，不妨幽默一下，对着掩嘴而笑的学生说，这是不可复制的杨氏发型。

优秀的品质还体现在细微之处，教师要多在细节处下功夫。比如"对学生多些关心"。关心学生必然意味着能及时觉察学生的困难。这就需要老师有一颗细腻的心，有一双敏锐的眼，更有一份及时传达的爱心。我们学校是寄宿制学校，还有"宏志生"，学生的生活基本上都在学校里，学生有些小感冒、小情绪什么的是最正常不过了。老师如果能在这个时候送上一份关心，多几声叮嘱，无疑能与学生建立起良好的感情。当学生有生活、学习上的困难时，老师的关心、帮助都能调动学生今后各方面的积极性，师生之间的关系也会变得紧密一层。这一点，其实不需要什么技巧，也不需要多么轰轰烈烈。多关注，多关心，学生就一定会把你当成最好的朋友，堪比亲人。

很多老师感叹现在的学生太有个性，不好带，但我们应该明白，建立良好的师生关系是师生双向的，是互动的；需要真诚和宽容、理解和信任；需要用发展的眼光看待存在的问题。作为培育者，教师应积极调整自己，主动适应学生，按照学生的要求，对照学生喜欢的标准，潜心修炼，用自己的优秀品质引领学生成长。

庆幸自己没有太迟认识到这一点，在这几年的努力中，我一方面欣喜于自己获得的成长，另一方面也欣喜于收获了学生的喜爱和支持。

高一结束要分班了，同学们都很留恋这个班级，于是我决定将这一年的班级风采刻成光盘。这样每个学生都可以直观地拥有这一年的记忆，意义比较深远。在整理班级资料时，发现花名册、座位表、科任老师、班干部值日小结，各种活动、各种荣誉，文字、图片、视频，各种内容各种形式，应有尽有。最后，同学们每人都拿到了两张光盘，都很开心。既开心于能够有这么一份如此合心意的礼物，也开心于高一这一年过得如此丰富多彩，与老师、同学一起创造了如此灿烂的校园生活。当然，我也品尝到了我的教育幸福。

分班后，收到了一条学生的短信，一条长长的短信，出自一位很朴实的学生之手。

> 杨，你好！4天了，离开101班4天了。这一年来，多的是幸福与感动。能够认识你我真的是感到十分幸运。从你那儿，我学会了更好地处理事情，真的挺好！你一定很忙，但是，身体很重要哦，要定时锻炼！杨，你的电话号码我会背哦，唯一一个老师的电话，以后会找你求助的。一日为师，终生为父啊。我爸妈又那么喜欢你，你可要经常来我家吃饭哈。我十分欢迎，你来我做饭给你吃。绝对好生招待。

我收藏着很多这样的信息，不是为了积累炫耀的资本，而是提醒自己，学生是单纯的，他们很容易被感动，我们的简单行动都可以转化成某种种子，影响学生的成长，所以，不要小看自己的价值，要努力让自己对学生发挥最大作用。

去年，我生日那天，在办公桌上发现一张纸条，写着一首形状奇特的像打油诗的祝福诗。

乐
　快
　　日
　　　生
　　扬翼帅旗谁不知
　　万中无一是吾师
　　笑口时显第次在
　　智悟常道满河山
　　玉容不见岁月长
　　修养方显学无疆祝

　　看完，很奇怪，为什么"生日快乐"是倒着写的？然后看到右下角有个"祝"字，还有一条淡淡的从右下至左上的箭头。将箭头穿过的字连起来一读，原来是："祝长河第一帅生日快乐。"

　　"长河第一帅"是平常的玩笑之语，看来，这个带点自恋的外号已经深入人心了。这名学生给我的这份生日礼物，充满着对我的认同，也展现着他的真诚和智慧。我慎之又慎地将它收藏起来，这真是一份极为宝贵的生日祝福。

第二节 ▶ 家校沟通：团结至真至诚的朋友

一、家长的角色不是观众

我们的家长，已经带着孩子走过了十几年，辛苦地抚育，用心地陪伴，有些甚至为了孩子的教育，一次次搬家。到了高中，孩子长大了，住校了，自己会安排生活和学习了，但孩子的成长依然是家中最重要的主题。每位家长都希望能最快、最全面地了解孩子在学校的情况。家长了解学生情况的途径除了日常与教师的电话或短信联系外，很重要的一个途径是家长会。

家长会是家校沟通的重要平台，不论家长平时是否和老师交流，家长会的时候都会来学校了解情况。就目前情况来看，家长会通常以类似发布会的形式为主。就流程看，会有一项或多项主题，以教师讲述和传达为主，汇报学生的表现，特别是成绩的进步、退步，或表扬或批评，再提一提家长在学生学习方面应予以配合的要求。

流于形式多，老师要求多，一味灌输多，是当前学校家长会最普遍的情况。现在很多家长会，基本上都是班主任的单口相声，也不管家长是否愿意听，结果老师说得口干舌燥，而家长们往往无动于衷或不知所措，家长会收效甚微。所以，很多家长会，更像是告状会、新闻发布会和培训会。

家长的素质直接关系到家庭教育的水平。为此，一些学校积极利用家长会对家长进行培训。培训常常由学校领导、教育专家主讲。结果，领导讲了不少，家长听了很多，适合自己孩子的却没有多少，不仅浪费了时间，还让家长对家长会的作用产生了怀疑，失去了积极性。

以上不管是哪种形态的家长会，都有一个共同特征，家长基本上都是被动的聆听者。随着社会的进步，家长素质日益提高，他们有开阔的眼界、深刻的思考、独到的见解，是学校教育的强大后援力量，我们必须重新厘清家长的角色定位，让他们参与到班级的发展和建设中来，充分发挥他们的作用。

基于这个理解，我尝试开出不一样的家长会。

204班家长会实录
（节选）

主讲：班主任杨春林老师

主持人：吴楚乔　郑成杰

时间：2013年11月17日下午3点

地点：杭州市长河高级中学B楼录播教室

参加人员：204班学生家长、204班全体学生

黑板显示屏：以爱之名，共筑亲子的桥梁

……

郑成杰：游戏的时光是愉快的，然而也是短暂的。在游戏过程中，各位同学对自己的父母应该有了更多的了解。同样，家长也很想了解同学们在学校中的表现，下面有请杨老师为我们上一堂模拟班会课。

杨老师：各位家长，今天，我们用短暂的时间上一堂模拟班会课，看看你的孩子平时在学校的表现。课堂的话题是，家长是否应该为孩子规划好人生。先请大家一起来看视频。（播放视频《复合天使》）

杨老师：事情就是这么简单，"神童"案件是一个特例。我们今天思考一个问题：作为家长，到底要不要规划孩子的人生，以及如何规划。

郑成杰：我觉得让小孩子学东西是好的，但如果逼迫他去学，会让孩子失去童年的快乐。成长是必需的，快乐也是需要的。不

然，孩子就会畸形成长。

傅佳颖：家长和孩子都可以有不同的想法，可以通过交流把想法求同存异，把相同的地方扩大。

杨老师：傅佳颖的意思是，亲子之间要加强沟通，达成一致并付诸实施，从而让自己实现成才的梦想。

吴冰若：我认为家长不应该为孩子规划未来。首先，目前这个社会上很多人都说美国教育比中国教育好，主要原因是他们对孩子的教育比较放得开。而中国的教育多是禁锢的，扼杀了孩子的想象力。家长为孩子规划好未来，铺好了一条路，到最后，如果孩子遇到困难，就只会依靠父母。

杨老师：吴冰若的观点鲜明，家长不应该给孩子规划好未来。规划好的人生，太一帆风顺，孩子享受不到成长的酸甜苦辣，只是暂时获得了成功。

胡双双：我觉得这是我们自己的人生，为什么要家长来规划呢？只有我们自己去走，才能体味出人生是怎样的，家长可以在我们迷途的时候给予适当的帮助。

杨老师：胡双双讲得比较中肯，家长的作用还是很重要的。毕竟我们还小，今天家长来此，就是在承担这个责任。

楼俊超妈妈：孩子的人生是需要父母来规划的，主要是孩子有想法要多和家长沟通。家长强迫是有一定道理的，因为他们总是为了孩子。

杨老师：孩子的人生，家长还是要规划的。当然，规划的时候孩子不一定能够接受，这个时候家长希望孩子能主动沟通。爸爸妈妈是没有坏心的，是怀着一种美好的愿望的。

蔡守栋姐姐：我觉得人应该活在当下。学习也是一样的，要学在当下。可以给小孩子一个目标，但人生还是要靠自己去规划的。

杨老师：这不仅仅是跟我们同学讲的，也是跟我们家长讲的，立足当下，从而实现长远的发展。

夏俊雄妈妈：孩子在成长的过程中，想法和家长肯定有差距。我深有体会。我的大女儿，高考填报志愿时，我们建议她报师范，她不愿意，而是选择了自己喜欢的专业。结果专业对口的工作很难找，最后还是去教书。孩子往往根据自己的喜好做决定，会很盲目，应该多听听家长的建议。

杨老师：生活当中，这种情况时常发生，只是你们还不太听得进去。希望各位同学，能够心平气和地听听，父母是怎么想的、怎么说的。

杨雯爸爸：父亲把自己的规划强加给孩子，而没有考虑是否适合你的孩子。你把自己没有实现的希望寄托在孩子身上，是完全功利性的做法。人生很长，规划目标可以，但应是短期的。长期规划，对任何人都是不现实的。因为人很有智慧，随时在调整。家长的心态要放好，不管你孩子将来成功或是失败，只要孩子心理健康就好。孩子很有才，但心理不健康，像马加爵，结果也只是危害社会。

杨老师：给我印象最深刻的是，杨雯爸爸认为要通过科学规划，让小孩子身心健康，有一个美好的未来。

吴楚乔：我来自单亲家庭，妈妈一个人把我拉扯大，非常辛苦。大人们也都教育我，以后长大了要好好对妈妈。以前我觉得妈妈很凶，但是现在长大了，知道妈妈做的很多事情都是为了我好。我每次咳嗽时，妈妈都会煎中药、梨给我吃，而她自己的鼻炎都一直没有得到治疗。所以，我想，等我长大了，用我的钱治好妈妈的鼻炎，一定不让她痛苦！

杨老师：这就是母亲。同学们也许没有这样的经历，但还是希望你们用心体会生活的点点滴滴。

金泰辰：我比较害羞，就用诗的语言来表达吧："我知道，您无微不至地关心我，我也知道您的处境和艰辛，您曾经说过您不能给我很多财富，但是，我想说这些都没有意义，我要的是这片自由自在的天地！"

吴楚乔妈妈：我觉得我很幸运，我的女儿虽然遭受了很多不幸，但性格依旧开朗。这让我觉得孩子身心健康最为重要。其次才是优秀。没有人不希望自己的孩子优秀，但优秀是一个漫长的过程，需要长时期的积累和努力。用这样一句话与大家共勉："你今天学的东西是为你10年以后拿来用的，而不是今天用的。"

关于职业规划。我很早就要求我的孩子思考将来想从事的行业。在我的要求下，她天天去想、年年都想，但也经常变化。社会变化很快，我自己也时常会迷惘，因此，我不对孩子做过多指导，只是要求她尽量去想，多想一点总好一点。

吴楚乔：家长们发言都很用心，同学们也都积极参与。那么，孩子们的赤子情深，家长们的良苦用心，你们都接收到了吗？如果接收到了，请你们好好地收着，珍藏这份记忆直到永远！

郑成杰：由于时间关系，我们的亲子对话活动就此结束了。刚才，我们呈现了许多令人感动的故事。这让我明白，原来所有的矛盾，和亲情来说算不得什么。通过报纸和书籍，我们可以知道，很多父母与子女之间形同陌路，这并不意味着他们之间没有爱。只是因为他们缺少沟通。接下来，让我们一起唱响《父亲》这首歌。让所有的孩子们拉着父母的手，让彼此在歌声中更加亲密。

杨老师：再一次感谢家长在百忙当中来开家长会，谢谢！

家长会，理所当然，家长是主角。模拟班会课上，家长畅所欲言，讨论是否应该规划孩子的人生，以及如何规划的问题。家长们联系自身的经历，各抒己见，谈了自己的切身体会，表达了要合理、科学规划孩子未来的强烈愿望。

家长会上的亲子游戏环节，家长与孩子玩在一起、乐在一起，重温曾经的那份幸福和默契。

这样的家长会，更有针对性，体现参与性、互动性、情感性，能集思广益，也能改善关系、升华情感，从而引导学生正向发展，加快进步步伐，提高教育实效。

二、力争说好每一句话

很多老师在和家长进行交流时，不大注意用词是否妥当，语气是否合适。可能是因为觉得自己是老师，在教育教学上有着家长无法达到的高度，不知不觉就会用上指令式的、呵斥式的表达。这种表达的背后，不仅是教师的家长观出了问题，也折射出教育观的僵化守旧。

网上曾经流传过一封小学老师写给家长的信，并引发广泛的讨论。

家长们：

你们好！

昨天原本要与你们交流的是目前班里作业上存在的问题，班里大部分学生写作业时只管自己乱写，不按老师指导的做。昨天在语文课堂作业本上抄写 ao、ou、iu 和看图连拼音，就是这么简单的抄抄、连连线，全班只有 8 个学生是认真做的。其余学生都只管自己随便乱写，连线题漏连或不读拼音瞎连。订正时还是那么不认真的态度，少则订正两三回，多的来来回回五六回还是错的。关键是昨天这个作业是一点难度都没有的，就只要认真的态度就行了。

昨天金老师实在是被气得不行了，气得中饭也吃不下，最后简单挖了两三口就算数。刚巧学校领导来我们办公室，就顺便把这个情况也跟他们反映了。因为实在是太夸张了，全班 40 个学生只有 8 个是认真的，32 个只管自己乱做。也不是第一天来上课，已经开学一个月了还是这副松散、不上进的样子。其实上课情况也差不多，每次上课能自觉认真听讲的也就那么八九个同学。其余要老师不时停下来提醒、提醒、再提醒，甚至有的些学生再怎么提醒都是只管自己在玩、东摸摸西摸摸、思想开小差。教学是互动的，光是老师在台上卖力教，学生不学，是绝对不会有一个理想的学习成果的。

　　针对这个情况，金老师在学校里想了个措施并从今天开始实施：在课堂作业本上写拼音时如果能描三遍、写两遍的学生，就奖励第三遍不用写了。如果乱写、乱做，那就做第三遍。课堂作业本全做对，奖励蓝色的奖励卡1张。应培养孩子养成要么不写字，要写就认真写作业的习惯。

　　如果您的孩子是那32个不主动认真写作业的其中之一，那么作为家长，您需要好好思考下为什么同样的老师教，班里其他孩子、别的班级的孩子能逐渐开始适应小学的学习生活，主动跟着学习，认真写作业，而自己的孩子还是上课坐不住、注意力分散、随意乱写作业，分析下原因在哪里，想想办法，看看在家该如何配合学校帮助自己的孩子改正这个问题。

　　从这封信中，我们不难看出，像大多数老师一样，这位班主任希望能尽快解决学生的问题，希望得到家长的配合和支持。但这封信在内容和语言的选择上，都有很大问题，效果可能适得其反。事实也确实如此，这封信就是一位家长发在网络上的，以表示内心的不满。

　　我们试着分析一下其中存在的问题。

　　第一，这位老师再三强调作业"简单"，对老师而言，这可能是简单的，但她忽略了对象的特殊性。这些孩子才小学一年级，除了个别孩子曾读过幼小衔接班外，大部分是第一次接触拼音。面对全然陌生的、古怪的符号，怎么会是简单的呢？如果真是简单的，孩子为何屡屡出错呢？出错的事实足以证明，拼音对这些孩子来讲，还是很难的。老师自己多年研究而搞得滚瓜烂熟的内容，怎么可以想当然地认为对学生而言就是简单的？

　　2003年，我去学开汽车，始终找不到汽车的联动点，被驾校师傅狠狠地批评，说这么简单的也不会。后来，我学会了，我也感觉挺简单的。但，对最初接触汽车的我来说，确实是很难的。衡量是难是易，没有统一的标准，取决于语境和背景。我们做老师的，不能忘记我们自己当初是怎么成长过来的，否则，会有站着说话不腰疼的嫌疑。

第二，信中批评学生态度不认真，说"作业是一点难度都没有的……只要认真的态度就行了"，这是极不严谨、不科学的表达，是不尊重事实的。学生没做好不一定是态度不认真，态度认真也并不必然意味着事情必定能做好，我们不也常说"心有余而力不足"吗？

第三，"气得不行了，气得中饭也吃不下"，这样的表达可能是写信者想传达"爱之深、责之切"之意，但让已经成年并在社会上闯荡多年的家长看来，这是多么的幼稚。学过教育学和心理学的老师，却因为小孩子的一点问题"气"成这个样子，还以此诉苦并向学校反映。这位老师可能还年轻，我们也希望她能从这样的事件中收获反思和成长。

第四，要教师不时停下课来"提醒、提醒、再提醒"，再怎么提醒都是"只管自己在玩、东摸摸西摸摸、思想开小差"。从中可以看出，我们老师的教育方法过于单一，除了提醒还是提醒，提醒已经无效了，还只有提醒。小孩子天性好奇，喜欢模仿，喜欢参与活动，只要我们老师善加引导，还是可以提高课堂效率的。另外，老师所批评的"只管自己在玩、东摸摸西摸摸"，这不正是孩子的天性吗？孩子当然对他不感兴趣的内容缺少关注，那么老师不是应该反思为什么不能很好地吸引学生到讲课内容上来，却只是简单地批评孩子？

第五，对家长的批评。因为前面一味批评学生，也就有了后面动不动就抱怨、指责家长，将孩子在课堂上的问题归为家庭教育的问题。家长肯定有一定的责任，比如小孩的性格、习惯等，但作为课堂的组织者，课堂上的问题，老师怎么可能一点责任都没有？但这位老师明显缺少自我检视与反思，完全以自我为中心，没有学生立场，对学生缺乏理解与包容，把自己的责任全部归结到家长身上，面对问题不够沉稳淡定，负面情绪过于激烈。

此外，将事件和情绪写成文字的过程中，心情起伏或多或少会沉淀一部分，所以，可以想象，事件情境中、写信之前，相关老师的情绪一定更加激烈，学生所遭受的批评风暴可能更猛烈。

这件事情虽然发生在小学，但初中、高中也有类似事件，只是程度上的差异，其本质是一样的。能否认识到学生是有其个性特征的成长主体，我们有没有用平等、宽容的眼光看待他们，决定着老师对学生问题的定性。能否认识到家长同样是有自己生命价值和尊严的独立个体，同时又是学校教育的强大助力，有着共同的目的，决定着老师如何对问题归因。有了对学生、家长意义的正确解读，在与家长的交流过程中，我们完全可以合理、恰当地表达，好好说话，让家长真正明白我们真诚的心意，并积极配合和支持。

和家长交流时，我对自己的措辞特别谨慎，下面以运动会入场式获得一等奖后的短信为例。

> 家长：你好！运动会在紧张的进行中，正如之前所期待的那样，咱们班的入场式第六次荣获一等奖（连续六年，中间没有间断过）。每个班都用心用情地准备，竞争压力非常大，在此艰难情况下脱颖而出，非常难得，特此报喜。在此过程中，每位同学都参与方案的设计与研讨，成绩的取得，是集体智慧的结晶。同时，成绩的取得，离不开家长的支持。本次运动会得到了傅佳颖家长、杨雯家长、饶磊家长的大力支持，一并谢过，谢谢。希望家长朋友能为班级的发展建言献策，让你的孩子在班级的大家庭里发展得更好，进步得更快，更好地传承家族使命。

有人可能会觉得写这么长有必要吗，一句简单的"班级入场式荣获一等奖，谢谢家长的支持"不就好了？如果这样想并这样做了，那就不妥了。这个简单的信息，家长一看，所有的反应也就"哦，一等奖了"，然后，没了。既然是家校沟通，就要达到沟通的目的，而不只是信息的传达。

而我写的短信中，有意识地表达了这样一些信息。

第一，"正如之前所期待的那样"，有实力才会有期待，之所以能够期待，是在告诉家长一个信息，班级是很优秀的。

第二，"第六次荣获"、"连续六年，中间没有间断过"，意在暗示这位班主任不错，带出的学生也很优秀。

第三，"竞争压力非常大"，所以，这一荣誉，是有含金量的，奖牌是有沉甸甸分量的，是家长应该重视的，同时也为周末亲子交流提供了话题。

第四，"集体智慧的结晶"，这说明他们的孩子在这里是有归属感的，对集体认同并且愿意为之努力，家长可以放心。对班级放心，家长会更主动配合老师和学校的工作。

第五，报出了家长的名字。研究表明，每个人都很在乎自己的名字，听到自己的名字就能感觉自己被关注了，每个人都会在他人的关注中肯定自己的价值；同时也给别的家长一个信号，别的家长都在作贡献，你也可以的。

第六，"建言献策"，有了前面的铺垫，家长对今后的配合、支持工作就能很好地接受了。

第七，"更好地传承家族使命"，向家长传达，学校对孩子的培养是为了你、你的孩子、你的家族传承。这么有意义的事情，当然要重视并积极配合。

这些信息，家长不一定能一一解读，但肯定能读出比简短的通报更丰富的内涵。家长获得的信息多，他们的参与热情就会增加，对我们的工作就能更好地支持和配合。

三、解决家长的切实需求

老师们多年在教育一线奋斗，熟知学生的成长特点，对教育时机的把握相对比较清楚。家长与孩子的相处，虽然相依相伴多年，但每一天都是新的一天，每一个新的问题，对家长而言，都是全新的挑战，家长由此而生出困惑、迷茫是不可避免的。我们看来最简单不过的问题，在某一个家长看来，可能是很大的问题。这是很正常的，我们完全不必也不应该去责怪家长大惊小怪，而应该站在对方的立场思考问题，真诚为对方着想，与家长同频，急家长之所急，让家长感受到浓浓的关怀。

比如面对准高一的学生，考虑到中考之后的假期，学生和家长都没有头绪，不知道如何安顿，我结合多年来对高一新生及其后续发展的观察、了解，在本地论坛发了《写给高一新生的肺腑之言》的帖子，让学生和家长学会如何合理安排假期生活，做好进入高中的心理、学习准备。

新高一分班后，各个学校又有很多家长和学生，因为没有考进实验班而情绪低落，不愿接受现实，于是我又发了《进实验班真的那么重要吗？》的帖子，从事例到理论，从学生发展角度给家长和学生以恳切的分析和劝导。

在高一新生进入学校之前，我就早早建立起家长QQ群，让有意愿报考我校的家长更全面地了解学校，更让新高一的家长及时获得相关信息，以解决他们的问题。五百多个家长，都有各自的关注点，他们想要了解的内容，往往会出乎我们的预料。除了询问常见的学校概况、当年高考成绩、分班情况、开学及军训的时间、建筑物分布等，家长们还会问寝室是不是南北通透的，床铺和柜子是哪个款式，床的长宽是多少，学校有没有超市，都提供哪些商品，教室面积有多大，一般安排几排位置，给学生提供的是桶装水还是直饮水，各门学科用哪个版本的教材，等等。我将共性问题进行归类做了详细解答，并用群公告的方式公示。家长不会拒绝周到的服务，更不会忘记为老师和学校点赞。

在回答这些问题的时候，我一直觉得不能只是简单地提供相应信息，而要在解答的过程中，体现出我们的真诚以及学校的优秀。比如有位家长提出了这样的问题。

杨老师您好！在学习上，我想学校在师资配置上面肯定会考虑得非常周全，也相信长河的能力，只想咨询几个平时生活的问题。1. 孩子们住校期间，家长是否可以偶尔探望？2. 寝室是否有专职老师负责管理？学生睡觉时间能否控制？3. 学生在校换洗衣物是学校有洗衣机统一洗还是学生自己洗？4. 学校是否配置了心理辅导老师？

我的回答如下。

1. 长河高中是住宿制学校，历史悠久，形成了一套严格的管理制度，这是我们引以为豪的。在抓学习的同时，我们更知道我们的责任，是培养社会的合格公民。亲情是我们一直倡导的，一个亲情淡漠的人，不可能有益于社会，所以欢迎家长朋友来校走走看看，多提宝贵意见。我们长河高中，一直注重听取来自家长的合理呼声，希望在三年的相处中，我们不只是家长和老师，更是朋友。

2. 学生晚自习结束之后回寝室，有一定自由安排的时间——聊聊天，吹吹牛，洗洗衣服。每个年级安排一位宿舍管理阿姨负责寝室卫生、纪律的检查和管理，我们的就寝纪律挺好的。为便于处理学生的突发事件，学校每天安排四位老师（其中一位是学校领导），住在学生宿舍楼进行住校管理。

3. 寝室里有盥洗室，每个楼层也有公共的盥洗室，集体生活要像家里那样是不可能的，但它肯定是有利于孩子成长的。我们的住宿条件比绝大部分大学要好，我个人感觉挺好的，毕业的学生也说挺好的。

4. 学校有专门的心理专任教师，还有一大批像我这样接受过培训、考过证的业余心理老师，为同学们提供心理咨询的便利。

除了详细的解答以外，我还整合资源，特制了《长河高中新生入学指南》。万事开头难，我们在家长最需要帮助的时候，提供贴心的服务，家长一定会感到满意的，一定会感觉自己的选择是正确的，这样就为今后的工作提供了便利和情感支持。

已经毕业的学生家长，则对三年来我们一以贯之的为家长服务而感动不已，再三称赞我们在高考期间，对学生生活、身体的悉心照顾等。

高中三年，家长们很省心，谢谢老师们。

看了老师为孩子们做的一切，真的很感动，感恩老师们用心栽培，长河学子好有福气。

老师们简直太细心了！

长河老师真的好，孩子爱长河，我也爱长河。

三年来我从没有在群内表扬过老师，我觉得很多事情就是老师应该做的，但经过高考这件事，真心感谢学校老师为孩子想得这么周到，为我们家长省了很多力。不管我的孩子以后考得怎么样，我谢谢老师们的关心，相信也祝福长河高中越办越好。

看这几段文字，我们会发现，家长的要求其实不高。我们只要做好分内工作，让他们的孩子健康成长，解决他们的后顾之忧，他们就会心存感激。

在高三的成人礼上，一位老先生特意找到我，交给我一幅他亲手写的字。

为杨春林老师点赞

春成岁首领军人

林圃培苗茹苦辛

导育新花齐艳丽

师言句句重求真

杨老师斧正

毛庆邦拙作

2015 年 5 月

老先生是一名学生的外公，我与他未曾谋面也无交流，他对我的所有了解都来自学生及学生父母的反馈。金杯银杯，不如群众的口碑。工作用心一点，服务周到一点，我们将收获更多的认同，拥有更多的理解和支持。

四、难缠的家长也有合理性

正如学生的个性千差万别一样，家长也是有个性差异的，他们在看待同一问题时也会呈现出迥异的观点。也就是说，同一件事，即使大部分家长赞同、认可，也还是会有小部分或者个别家长反对。即使这些个别意见，在我们看来，甚至在其他家长看来，是匪夷所思的，但我们不能忽视，甚至敌视这些不同的声音，任何呼声都有其合理的一面，我们还是应该认真、耐心对待。

杭州市每年有一段时间经常会有台风，教育局会根据气象台的预报向各学校下达停课、复课的通知，学校则依据教育局决定，结合学校实际，向家长通报学生离校、返校的时间。结果，某次学校短信通知后，有位家长在年级家长群里提出了疑问。

学校的短信如下。

您好！因台风影响，高一、高二学生延迟一天返校，所以高二年级10月份的月考也相应顺延一天进行，即8日晚上考语文和数学，9日白天考余下4门，请提醒孩子做好考前复习和考试准备。

家长的回复如下。

别的学校8号都上课的，包括同在滨江的学校，长河有必要停课吗？望老师们多考虑考虑学生的情绪！

我进行了解释，一则教育局是这样规定的，二则学校有较多的外地生，这样决定都是为了学生安全考虑。

家长则回复如下。

那别的学校没外地生？就长河有？按照学生群里的说法就是懒政。那就是说别的学校没有把学生的安全放在第一？还是长河头上长角？比别的学校少上一天课怎么办？……

家长的话越扯越远，在我进一步说明之后，她又扯出了前段时间的事情。

如果长河老师敬业的话，就不会发生暑假作业的事了……连暑假作业清单都不发，怎么说得过去？

事情是这样的：高一学年结束分班时，暑假作业统一分班前发放，有两位老师忘记顺序了，等着分班之后再发，结果有小部分学生因此没有发到，家长的不满由此而来。

我们不能回避家长的质疑，哪怕所质疑的与事实有出入，我们也不能只表达气愤或者坚持"清者自清"而采取回避的态度。有错一定要坦诚，但要让家长看到我们改正错误的决心和行动，因为家长群里的每个发言，其他家长都看得到的。我们的发言稍有不慎，就完全可能让家长们从中得出我们非常不愿意看到的推测。

于是，我先对作业清单事件做了简单说明——并不是不发，而是衔接上出了点问题，导致个别班级没有及时拿到，而且我们马上通过家长群、短信表达了歉意，并及时补发了相关资料。再结合电视里的台风实况报道，说明我们的根本出发点就是为了学生的安全。最后，对对方的诉求进行解读，表示理解，同时保证学校会采取措施解决她所担心的学习时间问题。最后的结束语我是这样说的。

你想让孩子回来读书的要求我们是理解的。也正是有这样一大批好学的学生，才有长河高中的蓬勃发展。课我们会补回来的，你放心。欢迎你多提不一样的建议，我们就事论事，不要影响心情。你希望孩子学习好，不要落下课。我们希望孩子安全。学习来日方长，学习时间是有的，我们殊途同归。

其实，只要我们努力读懂家长，尝试理解家长，再不可理喻的家长，也不会那么面目可憎了。从某种意义上讲，有些家长只是比较自我，缺少以对方立场思考问题的包容。如果我们不能接纳，也从另一个侧面反映出我们的胸怀不够宽广。能这样去理解，我们就能和所有家长相互配合，在教育孩子的道路上携手前进。

第三节 ▶ 生生互动：善待身边的每一个人

柏拉图说过一句话，"教育非他，乃心灵的转向"，那么在现实中，我们日常的教育教学行为起到了引导学生心灵的作用了吗？分数、才能、才干、本事，这些具体而热点式的方向，是心灵的转向吗？在我看来，都不是。从学生的生命个体成长来说，我认为，我们要引导学生的心灵转向爱、转向善，并能富有智慧地释放、传达内心的善良。

人与人的相处是每个人一辈子的修习，学生在校园生活中，绝大部分时间都与同学在一起，如何与身边的同学友善相处，会在很大程度上影响学生的内心世界。我积极引导学生善待身边的每一个人。

一、让善成为班级文化的底色

班上的谢同学意外受伤，双脚三个月不能着地。同学们排出特殊值日表，轮流照顾、陪护，生活中的每个环节都能照顾到。整整三个月有序、贴心的陪护，让学生和家长感动不已。

方同学因生病休学一年，返校后却一直无法与新班级融合，冲突不断。转至我班后，在全班同学的帮助下，她顺利完成高中学业并踏进心仪的大学校园。这固然有她个人成长的因素，但绝对离不开同学们满怀善意的包容与接纳。

同学们内心的真诚、善良，青春伙伴的鼓励、陪伴，每位同学都是美好环境的创造者和享受者。怎样形成这样的美好环境？我一直利用各种时机，引导学生形成与人为善的做人理念，努力使"善"成为班级的文化底色。

我始终坚信人性是善良的，更不用说涉世未深、天真单纯的学生，他们心底肯定都有一份最为美好的善意。只是，很多时候，这份善良需要被唤醒、激发、点燃，我们要想办法让它呈现出来。

当今社会确实存在较多道德滑坡现象，也在一定程度上影响着学生对善良的坚持和表达，加之较多学生因自小身处独生子女的成长环境，观望、沉默、冷漠甚至为了维护自己而对同学恶语相向，在高中生身上，这些表现并不少见。

针对以上情况，我的做法如下。

首先，鼓励学生先行善。比如，学生会说，别人先行善自己后行善，这样自己才不会上当吃亏。我引导学生思考，每个人都这样想的后果，那只能是没人行善，自己也享受不到他们的善意。因此，我经常鼓励学生比别人先行善，且行善本身就是为了帮助他人，而不在于这份善有没有被当事人知晓、感谢与回报。班级中每个人都这样想，都行动起来，就会形成一种善的习惯与文化，惠及每个人。因为，在一个集体中，他人的善行，可以诱发自己的善意，这样行善会变成一种自觉行为，自动自发，不需要别人提醒，而是理应如此。所以真正的心存善念，并不寄希望于他人先行善。

其次，及时肯定和表扬学生的善行。人都是希望被鼓励、被肯定、被表扬的。谢同学意外受伤，大腿骨折，不少同学自发参与照顾，我及时肯定和表扬了最先自发帮忙的几位同学，然后和他们一起制订计划，号召更多的人加入进来。每隔几天，我就肯定和表扬他们的正能量行为，从而坚定他们继续行善的信念。有位家长在了解到我们全班同学一起帮助谢同学的情况后，感动地打电话给媒体，希望能进行报道，来传播这份善意。这对同学们而言无疑又是一份鼓励。

最后，从人生成长角度进行引导。我常常告诉他们，一个人不能光读书。岁月流逝，当你步入晚年、回首人生时，应当对自己有所交代。这个交代，应当是，你回想起来，一辈子做了很多好事，行了很多善事，内心非常充实、丰盈。若你一生碌碌无为，又怎能体会到自己的价值与生命的充实感？

我启发学生思考，与自己喜欢的人和睦相处，那不是什么难事，能和自己讨厌的人融洽相处，那才是真正的能力。做到了别人做不到的高度，这对我们也是一种成长，同样也能提升心灵的高度，收获人生真正的财富，实现生命的价值。

教给学生一种行为，不如教给他们为什么这么做的思考。要激发学生内心的善良，我们不仅要教导他们怎么做，更要让他们明白为什么这么做。

二、提炼核心价值观，强化"善"德

一个班级没有文化，犹如一个人徒有躯体，没有灵魂。新的高二（4）班通过一个学期的发展，已形成自己鲜明的特点。随后，我们提炼了班级核心价值观，让班级成员共同遵守，让班级成为独特的一个。核心价值观的提炼，参照社会主义核心价值观：富强、民主、文明、和谐（国家）；自由、平等、公正、法制（社会）；爱国、敬业、诚信、友善（个人）。当然，提炼的时候，毕竟有别于社会主义价值观，可以从班级和个人入手。

学生们积极参与，思维活跃，产生了不重复的关键词。

> 平等、诚实、守信、团结、互助、积极向上、上进、虚心、乐观、均衡、兼容、诚信、阳光、友善、文明、和谐、踏实、自信、主动、静心、自律、民主、刻苦、活泼、竞争、严谨、宽容、友好、令行禁止、目标清晰、说到做到、宽容、宽厚、阳刚、勤奋、正义、大气、霸气、优雅、热情、感激、理解、尊重、大方、体谅、关心、乐学、互助、活泼、崇高、致远、富强、集体荣誉感强、公平、公正、公开、有度、自制、开放、敬业、团结友爱、积极主动、乐观向上、勤学好问、脚踏实地、实事求是、真实、动静、有梦、法制、奋进、努力、修身、明理、克欲、戒躁、博爱、中庸、独立、拼搏、求实创新、饱满、昂扬、前瞻

在广泛征集意见的基础上，我们在班会课上群策群力，对同学们推荐的

关键词进行整合，最后，204 班核心价值观隆重推出。

班级：团结奋进　令行禁止　求实创新

个人：目标清晰　虚心勤奋　严谨踏实

　　　阳光主动　宽容感恩　诚信友善

204 班核心价值观，是班级的最高行动纲领，是同学们后续学习生涯的行动指南。它将指引班级发展方向，规范班级学生的行为，为培养出"会学、会玩、会做人"的时代青年添砖加瓦。

三、播撒善的种子，让善随行

人是容易受影响的动物，班级中的每位同学，彼此在日常的交往中，容易形成共同遵循的文化或原则。所以，在一个班级里，只要老师引导得当，同学内在的正能量得到弘扬，班级容易形成善的文化底色。

但是，如果脱离了这个班级，他们还能保持这个传统吗？如果脱离了班级就不能保持，那么我们善的教育还是很不够的。所以，我发出"让善随我而行"的号召，让善良成为学生追求的重要目标。

人总是存在于某个群体中，学生很愿意给自己加一些群体归属的标签，比如同一个寝室的、同一个班级的、同一个年级的、同一个学校的、同一个市的、同一个省份的。我鼓励他们，不论身处哪个群体，都要主动播撒善良的种子，不要让世界改变我的笑容，而要用我的笑容改变世界。同时，我也明确告诉他们，有人的地方就会有矛盾与冲突，在日常生活中与别人发生摩擦是难以避免的。怀着一颗善良的心，以友善的态度对待别人，让别人感受到你的善意，会化戾气为祥和。

临近期末，高二、高三年级迎来了学业水平测试。为认真执行考试院要求，学校安排高三考试期间，高二年级的同学要在高三年级的教室里上课。为此，我倡议学生在借用高三的教室后，可以将卫生工作搞得彻底一些，最好能在桌子上留下一些爱心便利贴，写上对高三学长们的感谢与祝福。

倡议已经发出，但我们不能只发倡议就可以了，我们还要让学生知道我们为什么这样思考、如何让我们的行动收获更多善的果实。

晚自修时，有学生来与我沟通，说因为感觉教室桌子没摆好，就习惯性地帮他们对齐了桌子，不知道会不会让高三的学长感觉不好。对学生能和我主动说心里话，我感到很高兴，相信其他学生也一定有这样的疑惑，只是未曾直言而已。于是，我走进教室，对他们解释说："当我们走进那间教室时，其实我们已经破坏了他们原有的感觉。既然破坏是不可避免的，那我们何不将这份破坏营造得更美好？他们长时间待在那样的教室里，已经产生疲劳感，对一些卫生死角已经熟视无睹。如果我们临走时，将他们的教室打扫得更加干净，留给他们一间窗明几净的教室，让他们在走进教室的一刹那，觉得教室变美了，他们内心定会愉悦不少，而且以后也可能把卫生保持下去。"

"留便利贴，是一种积善之举。高三，是忙碌奔波的一年。如今他们要上考场了，总是希望得到身边人的祝福。换位思考，若你们是即将赶赴考场的高三学生，收到来自学弟、学妹们的祝福，带着满满的感动去考试，是不是会发挥得更好呢？赠人玫瑰，手留余香。与人为善，也是与己为善。我希望你们可以做一个与人为善的人。"

这样一来，学生满怀真诚地打扫高三教室，在临走前纷纷送上给学长们的祝福。我特意去教室转了转，收录了部分祝福语。

1. 高效源于专注，成功来自坚持。每日都高挂头顶的警言，将其贯彻落实，必将取得质的飞越！

2. 学姐：感谢你对我们的信任，感谢你清洁的桌面，也感谢你们的教室，让我们提前感受到了高三紧张的学习氛围。祝你们在长河的最后时间里充实并愉快。

3. 未曾见面，但不得不说我们很有缘分，也不知道前世多少次回眸才能换来今生的坐在同一间教室和同一张桌子。祝你会考成功，高考成功，为我们做个榜样！

4. 学长：谢谢你的桌子，你的桌子很帅，你的名字很帅，你的科比更帅。但作为一个有理想、有志向的有志青年，该收拾收拾桌子了！保证一个舒适的环境，才能好好学习，冲击高考，加油！！

5. 奋斗吧，少年！Just trust yourself, you can do the best（相信自己，你能做得最好）。

Ps：看你抽屉里有好几包咖啡，喝咖啡对身体不好哦。少喝点。

6. 学长好！今天机缘巧合能在你们教室里上一天课，真是各种激动。这环境给人一种大考将至的紧张感啊，一想到一年后我也要在这里，我就不由得紧张。高三很辛苦吧，不过还请加油，学弟学妹们在后面看着你们哦！加把油，鼓起劲，把自己推到大学录取线以上吧！预祝成功！

看着干净、整洁的教室和这些生动、活泼的便利贴，我内心很感动。不管是学生主动也好，受同学感染或老师启发也好，我都看到了学生愿意让自己成为一个善良的人，愿意将自己的真诚和友爱主动传达出去。我相信，高三的学生也能从中获得一份独特的前行力量。

最好的教育是榜样示范，我这样倡导，自己也努力这样去做。我不仅善待身边的人，对陌生人我也心怀慈悲，借助可能的机会，搭建平台，捐衣捐物，让行善成为师生共同的价值追求。

四、解决学生间的冲突，不留阴影

在相对良好的班级氛围中，生生相处较好，平静和睦，但依然少不了突如其来的矛盾冲突。这时，极能检验我们"善待身边每一个人"的理念有没有很好地被执行。

两名学生课堂上发生冲突，有肢体接触，课任老师把他们请到班主任办公室来。两名学生怒气冲冲，都感觉自己有理，像受了天大的委屈似的。我的处理方法如下。

（一）表达关心，奠定基础

事件既然已经发生，恼怒与生气，都不能解决问题，需要心平气和地面对，谁的成长过程中没有冲突与争斗呢？问题处理的第一步：真诚关心，真切慰问。查看伤情，询问打伤了没有，有没有什么地方不舒服。这一点非常重要。陷入争斗的双方，没有一个能全身而退，他们的内心一定是沮丧、委屈的。这种情绪状态，不是问题处理的最佳时机。表达对学生的关切，能帮助学生从不良情绪中摆脱出来，为后续处理奠定基础。打架的事实已经摆在面前，延迟几分钟处理，待老师与学生的心态都有所缓和，或许会有意想不到的效果。

（二）真诚赞赏，出人意料

任何事情都有两面性。我们通常所谓的好坏，从本质上来讲，只是好多一点还是坏多一点而已。我的师傅韩老师一再跟我说，女人比体相，男人比力量，男人的价值在力量对比中体现。从这一意义上来讲，我们没有必要对打架过分敏感，而我们之所以反对，是因为打架确实有风险，一不小心会造成身体伤害。我们鼓励他们用更文明的方式解决问题。所以，在打架的事实面前，我会真诚地告诉学生：会打架，不错，有血性，这是独生子女时代学生所欠缺的，保家卫国需要你这样的人。需要注意的是，讲的时候一定要真诚，不要让他们感觉是被讽刺了。因为打架被叫到办公室，内心忐忑惶恐，往往会筑起一道道坚固的"防火墙"，时刻准备应对老师的批评教育。而老师一反常态的表现，会让他们放松不少，为事件的解决创造更好的条件。

（三）探清始末，客观公正

任何人都要为自己的行为负责，而任何事件的发生，都有因果主次，只有把事件真实还原，老师作为裁判，才能做出客观、公正的判决。人都有自我保护意识，在叙述事实的时候，他们往往挑自己有理的地方说，这种做法与一个人的品格无关，没必要上纲上线。我们可以提醒他，应做个负责任的人，要让每一句话经得起事实的验证。一般而言，老师如此推心置腹，学生一般都会如实相告。如果在还原事实的过程中，双方说辞还不能统一，可以再次提醒想清楚再说，以免说错，不要做错了事还丢了人。如果不幸碰到了负隅顽抗、不见棺材不掉泪的，可以请目击者来协助还原。只要老师是真诚的，学生感觉是安全的，一般不会用到这一招。

（四）自我检讨，关键一步

作为接受学校教育多年的学生，好坏对错他们还是能分辨清楚的。既然事实还原清楚了，那就让他们尽可能客观地评价一下自己。毕竟，做到完全客观是不可能的，碍于情面，就算知道自己错了，多少也会掩饰或修饰一番。特别要强调的是，一定要自我检讨，不要说对方的不对，要先想自己的问题。这样能避免相互指责，也有利于自己深入反思，对避免发生类似事件很有裨益。如果检讨得到位，反思得深刻，老师还可以借机表扬。

（五）握手言和，完美收场

既然有错，那就向对方真诚认错，尤其是男子汉，要勇于担当，要敢作敢当。谁主动，谁就值得赞赏。要告诉学生，这是勇者的行为，无损男人的尊严。一般情况下，在那样特定的场合下，握手言和是没有问题的，身体的接触、肢体的碰撞之后，愤怒与仇恨情绪会消退很多，至此，事情的解决可以暂告一个段落。如果真有伤害事故发生，可以根据伤害程度，做出相应的处理，比如给予纪律处分、购买礼物看望、支付医药费等。

当然，必须告诉他们，冲动是魔鬼，打架毕竟不是文明的行为，要谨慎。如果真感觉非打不可，或者那一瞬间，还是把手伸出去了，也一定要尽力克制，一定不能打易损部位，也不能用力过猛，毕竟有些东西损坏之后无法赔偿，也无法请人代劳。

老师在解决生生冲突时的冷静、关心是让学生快速冷静下来的前提，老师细致的引导、分析，反省与言和是让学生回归平和、理性的关键步骤，让学生在惴惴不安心态中获得的理解和宽容，是学生回归善良、友好本性的重要因素。引导学生善待身边的每一个人，就需要我们善待身边的每一个学生，即使他们犯了点过错，我们依然要展现足够的耐心和等待、足够的理解和包容，也让学生学会如何与人相处。

第四节 ▶ 沟通修炼：永无止境的教育追求

有这么一个笑话。

唐僧是个细心的人。这天，他发现孙悟空的裤子后面有个洞，于是就耐心地缝了起来。第二天又发现有个洞，于是又补了起来。第三天依旧还是有个洞，正当他拿起针线时，猴哥走过来对师父说："你把洞缝上，我尾巴搁哪儿？搁哪儿？搁哪儿！"

这个笑话告诉我们，沟通确实很重要。在社会生活中，我们需要与形形色色的人打交道，需要进行有效的交流。对老师而言，如何进行有效沟通更是无法回避的问题。

一、揭开沟通的神秘面纱

很多人了解沟通的重要意义，可最终被挡在了沟通的大门之外，问题出在哪里呢？这背后到底发生了什么？

"对牛弹琴"是大家耳熟能详的故事，是管理者经常挂在嘴上的一句话。它讥笑接受讯息的人，弄不懂发送信息的人说的是什么意思——认为这个人太笨了，与他说这些是白费口舌。重温这个故事，或许能给我们一些启发。

战国时代，有一个叫公明仪的音乐家，他能作曲也能演奏，七弦琴弹得非常好，弹的曲子优美动听，很多人都喜欢听他弹琴，人们很敬重他。公明仪不但在室内弹琴，遇上好天气，还喜欢带着琴到郊外弹奏。有一天，他来到郊外，春风徐徐地吹着，垂柳轻轻地动着，一头黄牛正在草地上低头吃草。公明仪一时兴致来了，摆上琴，拨动琴弦，就给这头牛弹起了最高雅的乐曲——《清角之操》来。老黄牛在那里却无动于衷，仍然低头一个劲地吃草。公明仪想，这支曲子可能太高雅了，该换个曲调，弹弹小曲。老黄牛仍然毫无反应，继续悠闲地吃草。公明仪拿出自己的全部本领，弹奏最拿手的曲子。这回呢，老黄牛偶尔甩甩尾巴，赶着牛虻，仍然低头不吱声地吃草。最后，老黄牛慢悠悠地走了——换个地方去吃草。公明仪见老黄牛始终无动于衷，很是失望。人们对他说："你不要生气了！不是你弹的曲子不好听，是你弹的曲子不对牛的耳朵啊！"最后，公明仪也只好叹口气，抱着琴回去了。

公明仪技艺高超，有相当高的艺术修养，结果却是沟通失败，丧气而归。问题出在哪里呢？是谁之过？

研究表明，沟通过程，并不是谈话信息的简单传递，它类似于计算机的信息传递，其过程是：信息——编码——信息传递——接收——译码——理解。简单来说，经过一系列思维过程，接收信息并理解了信息，也就是"听"懂。当然，沟通是一个双向过程，"听"懂只完成了沟通的一半工作；"听"懂之后，接收信息一方还要回应，以同样的方式发出信息，让原信息发出方"听"懂。整个过程顺畅完成，沟通才算成功。

就"对牛弹琴"而言，公明仪的琴声信息发出之后，牛并没有接收，更没有理解，沟通就此停止。这启发我们：聆听是沟通的第一要务，没有聆听的沟通，一切都是空谈。当然，纵观整个过程，问题不只在牛，弹琴的人也有不可推卸的责任，他没有用牛能听得懂的牛语。可见，怎么说也很重要，要用对方能接受的方式回应，否则也是空谈。

沟通是一个复杂的过程，是系统工程，有很多讲究，但简单来讲，沟通的过程，是听与说交替推进，达成一个个平衡与共识的过程。从某种意义上讲，掌握了聆听与回应，并达到较好的效果，也就掌握了沟通。

有这样一个寓言。一把坚实的大锁挂在大门上，一根铁杆费了九牛二虎之力，还是无法将它撬开。钥匙走来了，他用瘦小的身子钻进锁孔，只轻轻一转，大锁就啪的一声打开了。铁杆奇怪地问："为什么我费了那么大力气也打不开，而你却轻而易举地就把它打开了呢？"钥匙说："因为我最了解他的心。"

沟通，要走心！

二、探寻沟通的实用技巧

（一）聆听：听出真实想法

海明威有句名言："我们花了两年学会说话，却要花上 60 年来学会闭嘴。"看来说话容易闭嘴很难。

聆听是沟通的开始，最好的沟通永远是在聆听之后。

沟通的意义，不在于你说了什么，而在于对方听到了什么。信息发出方发了很多信息，而听者没有接收到并作出反应，就其本质而言，是无效沟通。倾听的意义不言而喻，要做到却是不易。

聆听，有很多讲究，比如，要认真、要专注、要注视着对方、要有同理心、要让对方感受到你的真诚与友善。重点想强调两点。

1. 抓住重点

很多时候，交流会很发散，所以每次沟通结束时，我都会复述一下对方的观点或者核心内容。有时为了检测沟通达成度，我也会请对方复述一下我的观点或是核心内容，有明显出入和差异的，再做进一步的交流和沟通。有时，我会让学生写下对话实录。在交流的过程中，对观点理解不清楚，可能会对整个交流造成影响的，我总用提问的方式进行追问和深化。比如，"是这个意思吗？""你的言下之意是？"以此来听懂对方的真实想法，弄清楚对方的真实诉求。

2. 关注细节

抓重点自然是重要的，抓住了重点，交流的方向就不会偏离。同时，我们又有这样的体验，决定沟通成败的，往往是一些被我们忽视的细节。所以，我们在抓重点的同时，还要注意对方的细小举动，诸如一个眼神、一个动作等，以获取尽可能多的信息，无限接近对方的真实需求。

一次，有个学生来办公室和我交流，说为感谢同学们的帮助，要给同学送份礼物。我自然非常高兴，鼓励他大胆去送，并表扬他懂得感恩。按理，他会非常高兴的，但他脸上没有一点欣喜之色，他欲言又止的举止提醒我，可能另有隐情。联想到这个学生交往能力较弱，他此举的目的可能不只是要告诉我他要送礼物，会不会是担心礼物送不出去呢？通过后续的交流，确证了我的猜想是正确的。我告诉他，同学们其实都很认同他，不要有顾虑，放心大胆去做。为了确保送礼能够顺利进行，我和部分学生私下进行了沟通，结果同学们主动上台索取，送礼场面非常火爆。送礼的学生读出了同学们对他的认同，深受鼓舞。如果当初不够细心和敏感，错误解读他的信息，同学们也没有做好配合工作，对他或许是一个大打击，说得夸张点，很有可能把他推向另一条人生路径。

（二）回应：怀揣对方立场

1. 态度真诚

在师生沟通中，很多老师为了更快地达到教育目的，及时进行训诫和教导，总是急于表达自己的意见，一吐为快，但往往因为没有充分聆听学生的说法和心声，让学生感觉尊重和了解的缺失，结果导致说得越多，彼此距离却越远，矛盾也越多。

作为老师，端着高高在上的架子，还不如适当降低自己的姿态，让自己的笑容变得亲切、眼神变得和蔼；不如降低自己的音量、弱化自己的语气，给学生让出声音空间。弱化自己的行为将有助于体现老师对学生的真诚和尊重。只有得到学生的信任，他们愿意讲出真话，沟通才有可能。

下面看一个学生索要手机的案例。

师：有事？

生：本周回家，能不能把手机还给我带回家？

师：还有两周就放假了，一个学期都等下来了，最后几天等不住了？

（生支支吾吾）

师：男人之间有什么不能说的？痛快点！

生：同学们说，你对我有偏见，对我不公平。

师：此话怎讲？

生：傅同学同样玩手机，你没收之后很快还给他了。

师：兄弟，你误会杨老师了……

生：原来如此。

师：你用沟通的方式来解决问题，值得表彰，特批你提早两周把手机带回，以示嘉奖。

生：谢谢老师。

上述案例中，学生索要手机，我表明了自己的观点。面对学生的欲言又止，我把自己摆在了同是男人的位置，学生说出了真话，事情妥善解决。之所以能取得好的效果，决定性因素就是真诚。

明白真诚很重要的道理很简单，但做起来很难。在我看来，传统的师道尊严居多，角色一时难以转换。其实，老师只是一个人，是一个陪伴者，是一个服务者。想明白了这一点，工作的方式和策略自然就会发生改变。

2. 情绪平和

心理学研究表明，在沟通的技巧中，情绪占 70%，内容占 30%。也就是说，如果在情绪层面处理不好，沟通基本会以失败告终。因此，在回应交流中，尤其要注意不能出现生气、愤怒或埋怨。在沟通过程中，如果觉察到自己已经在生气、愤怒或埋怨，应当尽快平复，如果做不到，宁可先中断沟通。"人在愤怒时智商为零"，尤其在与没多少人生经历和性格不够成熟的学生沟通时，老师一定要明白负面情绪是沟通的大敌。

一起看看《妻子的空位》节选。

> 我的妻子因为意外事故离开我身边已经四年了。我想，妻子留下不会做任何家事的我和孩子，她的心有何等难过呢？我也因为无法兼顾父母双亲的角色而感到挫折。

> 为了照顾好孩子饮食三餐的事，我也无力把自己的工作做好。有一天晚上回到家，我只是很简短地和孩子打个招呼，就因为身体疲累不想吃晚餐，脱掉西装后就直接往床上躺下。就在那个时候，砰的一声，红色的汤汁跟泡面瞬时弄脏了床单和被单——原来有碗泡面在棉被里！这小子真是的，说时迟，那时快，我拿起一个衣架，跑出去，往正玩着玩具的儿子的屁股上就打。因为我实在是太生气了，所以就不停地打他。但就在这个时候，他一边啜泣一边说了一段话，使我停了下来。

事情的真相是什么呢？

> 儿子告诉我说："饭锅里的饭早上已经吃完了，晚餐在幼儿园吃了，但是到了晚上，爸爸还不回来，我就在橱柜的抽屉里找到了泡面。可是我想到爸爸说不能乱动瓦斯炉，所以我就打开水龙头，用热水泡了泡面，一个自己吃，另一个想留给爸爸吃。因为怕泡面凉掉，所以我就把它放在棉被里，等你回来。可是因为我正在玩向朋友借来的玩具，所以忘了跟爸爸讲。"

了解到真相之后，父亲的愧疚之心，我们可以想见。

在教育中，我们何尝不是经常碰到类似的问题呢？很多事情，事后想起来，责任不在学生，而在老师，只是我们没有勇气承认罢了。

如何平和情绪，避免类似的悲剧，让沟通顺畅呢？

第一，忍一忍。话说出去了，收不回来，恶语一句三冬寒，控制不住的时候，多想想曾经因为冲动而犯下的错误。"冲动是魔鬼"的戒条铭记心头。

第二，退一退。先搁置一下，天塌不下来，离开现场三分钟、十分钟、半小时，甚至更长，等情绪平息了之后再解决。我有这样的经验，曾经让我很生气，觉得非处理不可的事情，但时过境迁后，感觉根本就不是什么事儿。

第三，问一问。多问问自己，有没有隐情，是不是真的全是他的错？也问问对方，少用"我"信息，多用"你"信息。多说"你说说看"、"你认为呢"、"你希望老师"……多站在对方的立场思考问题，容易抚平急躁的心。要坚信，对方一定也有他的道理；要牢记，我们老师绝对不是始终掌握真理的一方。

这几种方法可以单用，结合起来用效果更好。

3. 语言幽默

幽默是沟通神器，要善用幽默。我和学生关系良好，能享受诸多教育幸福，幽默功不可没。例如，学生犯个小错时，我会在班里开个玩笑："你们喜欢到杨老师这里来，我是知道的，换种方式行不行？不要老是作业没做了、玩'三国杀'了、被老师批评了、上网吧了等原因才来。争取下一次，表现好受表扬了，再到老师这里来。"少一些暴风骤雨，多一些幽默风趣，学生也能读懂老师的用心。

有学生因自己个子矮小或容貌一般而沮丧，我会在课堂上结合时机通过调侃自己来让他们重拾信心，幽默地开自己的玩笑："有同事告诉我，网上出台了身高残疾等级，但我的身高已经无法用等级衡量了，连入围残废级别的资格都没有，因为我实在是太矮了。"学生哈哈大笑，老师的糗事他们最喜欢听了。面对他们开心的笑，我继续说我当时的反应："面对这些，我挺直了腰板，面带笑容，自信地告诉她们：'男人，不在于身材的魁梧，而在于内心的伟岸。'"学生鼓掌。于是我趁势开导，既然改变不了客观身材，那就丰满内在灵魂，做一个品格、精神上让人仰望的人。

在某些时候，特别是老师在班上讲话时，总会有个别学生喜欢抓住无关紧要之处，乘机捣蛋。这个时候，幽默的处理远优于批评和责骂。某次，在班级中讲一些班级事务，讲到女生寝室调整的事，调皮的男生徐同学不知道是真不清楚还是故意的，突然冒出一句"我可以去的，我住哪里都无所谓的"。我马上回应道："想得美，想去女生寝室住，我绝不会给你机会。"全班大笑，我再加一句："请谨记，把话听明白，否则，严重点要出人命的。"徐同学红着脸连连点头。

我的幽默，在潜移默化中影响着学生，他们也学会了幽默的表达。因为幽默，师生之间互动无碍，更增添了生活、学习的生动活泼。在此基础上的教育，即使只是只言片语，也可以因为情境的具体、幽默而让学生印象深刻。

幽默是一种能力，更是一种态度，源于对生活的大气理解。幽默不纯粹是一种语言技巧，支撑幽默的是胸襟。

三、养成沟通的良好素养

不可否认，有的人的沟通能力源于先天禀赋，但更多的人是借助后天的努力学习，才成为沟通高手。如果有意识提升自我，积极进行针对性训练，创设一个良好的沟通环境，我们也可以修炼成一个具有较高素养的沟通者。

（一）追寻大师的足迹

失恋者：你说我该怎么办？我真的很爱她。

苏格拉底：你真的很爱她？那你当然希望你所爱的人幸福。

失恋者：那是自然。

苏格拉底：如果她认为离开你是一种幸福呢？

失恋者：不会的。她曾经对我说，只有跟我在一起的时候她才感到幸福。

苏格拉底：那是曾经，是过去，可她现在并不这么认为。

失恋者：那就是说她一直在骗我？

苏格拉底：不，她一直对你很忠诚。当她爱你的时候，她就和你在一起。现在她不爱你了，她就离开了，世界上没有比这更大的忠诚了。如果她不再爱你，却还装得对你很有情意，甚至和你结婚生子，那才是真正的欺骗呢！

失恋者：那我投入的感情不是白白浪费了吗？谁来补偿我？

苏格拉底：不，你的感情从来没有浪费，因为你在付出感情的同时，她也对你付出了感情，在你给她快乐的时候，她也给了你快乐。

失恋者：可是，这多么不公平啊！

苏格拉底：确实是不公平，我是说对你所爱的那个人不公平。本来，爱她是你的权利，可不爱你也是她的权利，而你想在自己行使权利的时候剥夺别人行使权利的自由。这是何等的不公平！

失恋者：可是您得明白，现在痛苦的人是我，不是她，是我在为她痛苦。

苏格拉底：为她痛苦？她的日子过得好好的，不如说你是为自己而痛苦吧！

失恋者：依您的看法，这一切倒成了我的错？

苏格拉底：是的，从一开始，你就犯了错。如果你能带给她幸福，她是不会从你的生活中离开的。要知道，没有人能逃避幸福，不过时间会抚平你心灵的创伤。

失恋者：但愿有这么一天，可我的第一步该从哪里做起呢？

苏格拉底：去感谢抛弃你的那个人，为她祝福。

失恋者：为什么？

苏格拉底：因为她给了你寻找幸福的新机会。

上述片段，节选自苏格拉底和失恋者的对话。失恋者的话，真的很难接，几乎是个死结，但苏格拉底没有去批评、去否定，而是沿着失恋者的表达，抓住其中的某个要素，引导、启发、追问，提供不同的思考角度，协助失恋者深度思考，发现自己存在的问题，从自我架构的痛苦情境中摆脱出来。

（二）留心处处是学问

记得有一年运动会时，同学们商定用三轮车入场。有一个学生自告奋勇，说自己能提供入场式用的三轮车，事情好像就这么顺利地解决了。考虑到三轮车入场不需要多少时间准备，同时也想给其他班级一个惊喜，我们打算提前三天开始准备。当全班同学赶到训练场地时，眼前的三轮车瞬间让我们傻眼了。三轮车数量确实有很多，但基本上都又小又旧又破，根本不能满足我们入场式的需求。

要改方案已经来不及了，所以我要求同学们积极开动脑子，想想从哪里能够找到新的三轮车，以渡过眼前的难关。同学们都想不出哪里能弄到三轮车，毕竟，杭州作为现代化的都市，已经很难见到三轮车的踪迹了。后来，有个同学说，他爸爸或许能借到三轮车。

对于老师和学生的求助，家长没有怠慢。家长迅速走访了街道，和镇上三轮车店主亲切交流。在交谈的过程中，他们交换了对教育的看法。店主说，教育承载着培养后代的使命，关乎祖国的未来。家长问，如果有个机会摆在面前，为教育做点贡献，不知有没有问题？店主说，只要是力所能及的，自然不在话下。家长说，这件事不难，是能力范围之内的。后来，凭借店主用两辆卡车运来的崭新三轮车，我们再次获得运动会入场式一等奖。

沟通很重要，也是浩大工程，需要全方位的素养支撑。优秀的沟通者要具备诸多素养要求。在我看来，提高个人素养的同时，要掌握信息传递的守则。

第一，信息传递，遵循"5C"守则。清晰 (clear)，是指表达的信息结构完整、顺序有致，能够被受众理解。简明 (concise)，是指表达同样多的信息要尽可能占用较少的信息载体容量。准确 (correct)，是衡量信息质量和决定沟通结果的重要指标。准确，首先是信息发出者的信息要准确，其次是信息的表达方式要准确。完整 (complete)，是对信息质量和沟通结果有重要影响的因素。有建设性 (constructive)，是对沟通目的性的强调。沟通中不仅要考虑表达清晰、简明、准确、完整，还要考虑信息接收方的态度和接受程度，力求通过沟通使对方的态度有所改变。

第二，内涵支持，提高个人素养。比如，礼貌、得体的语言、姿态和表情能够在沟通中给对方良好印象，甚至可产生移情作用，有利于沟通目标的实现。比如，热情自信，用情绪感染对方，但不要洋洋自得，忽略对方的情绪。比如，坦荡真诚，学会自我披露，直面自己的弱点，承认自己的无知。再比如，学会尊重，遵循平等的原则，不用教师的身份压制学生。漂亮的容颜固然可以让人眼前一亮，丰富的内涵却能让人经久不忘。"内容为王"，才能让人保持沟通的兴趣。

第三章 /

管理机制：单轨变双轨

教育离不开管理，管理的关键是人才。班级管理打出"组合拳"——传统班干部和金牌管理员双轨并行，既充分挖掘人才，又便于规避风险。

第一节 ▶ 队伍建设：准备与启动

一、摸底调查，做到心中有数

（一）常规班干部的摸底调查

摸底调查，对班干部队伍建设，意义非同寻常，所谓知己知彼，百战不殆。调查什么？学生的参与热情有多高，有意参选的学生其个性特长如何，无意参加的又是因为怎样的原因，哪些是热门岗位，哪些是冷门岗位，还有什么岗位一直无人报名，等等。对这些情况在活动开展前都应该有充分的了解并做好应对准备。如果贸然开展选举活动，往往就会出现尴尬甚至无法收场的局面，导致轰轰烈烈开始，无声无息而终。

摸底调查很简单，只需简单地布置篇周记，回答三个问题：当班干部的好处是什么？当班干部的顾虑是什么？你会选择什么岗位？摸底调查可以让我们了解到丰富的信息。当然，调查可以用心一点、复杂一点。比如，每人发一份意向表，除以上三个问题外，还可以补充任职情况等。有了这些资料，万一最终某一岗位没有合适的人选，也可以借助这些摸底调查的资料筛选出暂定人选，毕竟，有经验总比没经验要好一点儿。

第一个问题：当班干部的好处是什么？首先，这个问题包含一个心理暗示，即当班干部是有益的，对自己是有帮助的。

第二个问题：当班干部的顾虑是什么？我没有按照一般的理论推导，用"当班干部的坏处"来提问，而选用"顾虑"。这依然是一个心理暗示，当班干部是没有坏处的，只有某些一时的个人顾虑，而顾虑相对容易解决。这两个问题的意图，都是为了让更多的人参与到这场选举活动中。

第三个问题：你会选择什么岗位？通过这一问题可以了解到哪个岗位热门、哪个岗位冷门甚至没人参选，做到心中有数，也为我们选择合适的人选打好基础。

这是一个很简单的摸底方法，学生只要用文字表达就可以。但是，永远不要忽视学生的想法，只要给他们自由和空间，再简单的文字也能表露他们的真实想法，而了解这些想法其实并不只对班干部选拔活动有益。

举几个例子。

学生A："我真的不喜欢做班干部，叫我当班干部，我就不知道该怎么办，班干部真不是我能干的。"后来通过观察、了解，我发现这个学生确实性格偏内向，特别喜欢钻研，比较适合搞科研，对他来说，班级是提供学习研究的场所，那么我就要给他提供一个合适的环境，让他好好学习，那也是为班级做贡献。

学生B："我志不在此，不要叫我当班干部。"那么他的志向在哪里呢？"我个人想多涉猎、学习那些自己感兴趣却又知之甚少的方面，在中医、地方风俗、风光景物等方面有所增进。通晓古之圣贤为人处世之原则，亦为我所好。"此生胸怀此等志向，也可以在摸底环节中了解到。

学生C："高一被迫辞职的经历，让我对自己的能力产生了莫大怀疑。我喜欢当宣传、文艺、组织委员，但高一的遭遇让我恐惧，成绩太差也让我不敢涉足，还是当个班干部的助手好了。"简单的文字中，隐藏着极为丰富的信息。第一，他曾经当过班干部；第二，他曾经受过类似被否定甚至被抛弃的伤害；第三，他还是有心为班级做贡献的；第四，他还是有所顾虑的。结合这名学生远远落后于他人的分班成绩，我读懂了这些文字背后的心声。我把我的信任和支持给了他，让他承担了一份管理职责，结果这名学生进步之快之大，让所有人吃惊，半个学期时间他从遥遥落后的最后一名，进步到倒数第九名。

学生D："我不太适合当班干部，习惯了被人统治，哪一天叫我来管理别人，在我心里有造反的感觉。我可以当个小助手，像帮老杨关心一下班级事务，提一下意见，配合老杨工作。如果需要'利用'我，我绝对上场。"这个"利用"是有背景的。之前曾有学生因为感觉被人利用了而找我哭诉，我笑着握住他的手，恭喜他因为有价值而被人利用。后来我到教室对同学们说，被人利用是很幸福的，并乐呵呵地说："同学们，好好利用我，我太渴望被你们利用了，被你们利用是我人生的追求。"而这位学生在这个背景下的这般表达，应该能说明如果真的用到他，他会很开心的。所以，当临时有事情而没人做时，我就会想到他，结果他都很乐意地做了。比如，每天下楼到传达室拿报纸有点烦，我就请他每天课间操结束后去拿报纸，等我看完后再拿到教室去。他天天做这个事情，雷打不动，做成了榜样。

我发现很多老师当班主任当得很累，很多时候是因为读不懂学生。因为读不懂，就觉得很多工作需要不断重复，或者出现判断失误导致冲突发生，又要忙着灭火。如学生 D 的话，细细体会，我看出他想为班级做点什么，但是比较自卑。那就要给他机会，让他找到自信。这样他对老师的感情就会很深厚，就会很乐意为老师、为班级做事情。我还了解到普通的学生，那些没当班干部的人对班干部还是很羡慕的。"上一样的课，写同样的作业，在同样的时间里，班干部还有开会、策划方案、发表演讲等内容，他们的生活丰富多了，像大海一样，波涛汹涌，而不是沉默的死水。小鱼、小虾和礁石都爱大海。"这样的信息要表达给学生，让那些班干部为自己的能力和奉献而骄傲，也让普通的学生打开胸襟，学会积极投身班级管理，丰富自己，成长自己。

（二）金牌管理员的摸底调查

除了常规的摸底调查，金牌管理员也要摸底调查，通过以下几个轮次完成。

第一轮，每个学生都必须参加，实在不愿或无力参加的要写申请报告，经老师同意后才可以特免。以此说明每名学生都是班级的一分子，都必须履行这个职责。再者，第一轮全员参与的意义在于，从前未曾当过的、以后可能不当的，都可以在第一轮中体验一下。体验就是成长，这样他们对以后管理他的同学也会多一份理解。以后几个轮次允许弃权。

各个轮次中，每人负责管理一天，金牌管理员是当天的总管。至于怎么管，没有具体要求，八仙过海，各显神通，管理的效果是核心指标。根据一天管理效果打分，十人一组进行比拼，淘汰最后两位。"淘汰"这个词，也许会让有些老师觉得太冷酷，会不会伤害学生心灵。在我看来，只要班主任做好相应的舆论准备，"淘汰"并不是一个坏词。我会跟学生说，其实人生就是一场淘汰，只是淘汰的时间、淘汰的地点、淘汰的场合不断变化而已。每个人小学升初中、初中升高中，何尝不是淘汰？将来高考、找工作、拼业绩，即使个人创业，也都面临着淘汰。淘汰是人生必然的经历，某个个体在小范围里或许是优秀的，但放在更大的范围里就有可能是要被淘汰的。淘汰意味着曾经有权利和平台参与展示、竞争。所以，从某种意义上讲，被淘汰并不可耻，被淘汰是一种光荣，毕竟还有能够与人一拼的资格。第一轮淘汰掉的通常是不具备管理能力的，这样被淘汰也能心平气和地接受。

第二轮时，我对没被淘汰的学生进行适当辅导。对具有一定管理能力的学生进行辅导，可以让这些人才实现质的飞跃。然后，十人一组比拼、淘汰，进入第三轮、第四轮，直至选出金牌管理员。

以这两个摸底调查为契机，我想表达一个意思，我们选班干部的时候会摸底，做学生工作的时候也会摸底，做家长工作的时候也会摸底，所以摸底看似是一种行为，其实更主要的是一种意识。充分了解学生，解读学生内心的想法，这是一个班主任必须具备的意识。

二、宣传动员，营造舆论氛围

宣传动员的重要性不必多言，在我看来，通过宣传动员，让尽可能多的人投入这场活动中，产生一种火爆的场面，可以让学生感觉，在这个班级里，人人都想当班干部，人人都想为同学们服务。这样，新进这个班级的学生，就会对这个班级充满期待。当然，对班级发展而言，更多的学生参加岗位竞选就意味着可以择优录用，这对班级发展极为有利。

但是如何宣传、动员才能达到良好的效果？这对班主任是个挑战。从学生接受心理出发，我一般走下面几步。

第一步，现身说法。

在我看来，学生多喜欢通过看别人的经历来获得某些感性认知，所以我一般会从现身说法说起，和学生们说说自己的学习经历。

以自己的大学同学为例，当年的大学同班同学中，当过班长或当过团支书的，都是目前在自己的岗位上发展得最好的。他们当中有的任报社主编，有的任招商局局长，有的任档案局局长，有的成为优秀教师。这样的现身说法，学生容易有触动。

第二步，前班往事。

我有意识地收集历届学生的事迹，根据不同的需要进行往事再现，毕竟同龄人的事迹，会更接近也更容易打动学生。

比如朱同学，一直开朗乐观，谁也想不到他小时候性格内向，入校时成绩也只是中上水平。但高中三年，他一直积极争取当班长，以极大的热情挑战自己并服务班级。高考时，他考出超重点线百分的高分，被浙江大学竺可桢学院录取。这说明当班长对学习没有影响，反而能够激发出全方位的能量。

比如傅同学，入选金牌管理员，他的值日小结，都要用电脑、幻灯片、视频、音频，各种素材的剪辑、链接、呈现，越做越娴熟，越做越漂亮。大学他如愿进了信息技术专业，结果老师说他的电脑水平太高了，可以免修，于是在其他同学上课时，他可以自己安排时间自主复习。后来他又参加竞选，当了系里的学生会主席，并获得了大学生最高荣誉——国家奖学金。从某种意义上讲，高中的班干部经历在成全一个人的将来。

第三步，班情分析。

我收集、整理各届学生的常规摸底调查的素材，分类汇总，呈现给学生，让学生从中看出端倪。呈现表格如下。

编号	选择当班干部的理由	放弃当班干部的原因
1	熟悉同学，交到朋友	性格（胆小、内向），不适合做管理
2	服务班级，收获成就感、幸福感等	没有经验，担心做不好，得不到认可
3	督促自己，警醒自己，约束自己	不喜欢管人，也不喜欢被人管
4	借以改进浮躁、马虎的缺点	麻烦事多，不能偷懒，嫌烦
5	改变自己，更主动，更有气质	没有能力或是能力欠缺，不能兼顾
6	挑战自我	被撤职，有阴影，不敢涉足
7	锻炼能力	我志不在此，想专心学习
8	让班级变得更好	能力还行，无须锻炼
9	老师鼓励	有更多冲突的可能性，会影响心情
10	学会规划，提高效率	事情变多，会太忙，影响学习
11	培养良好性格	怕遇到难题，如难缠的同学
12	让家长高兴	怕搞砸，愧对老师，有挫败感，没信心
13	增加出镜率，为评优做准备	动作慢，学习工作难兼顾
14	每一天都很充实	身体原因
15	增加运动量	压力太大，负担太重，或许会很累
16	……	……
	你看出了什么？	

我引导学生将两列理由进行对比，分别对这两列理由进行概括，会发现"选择当班干部"的理由真的是丰富多彩，每一点都让人感觉充满力量；而"放弃"的理由在文字表达上虽然也挺丰富，但没有脱离一个核心——"不能"与"不敢"！

这个对比分析的呈现，对有意参加班干部竞选的学生是一种肯定和激励，对尚有几分犹疑的学生也是一份别样的触动。

其他补充。结合学校招聘老师，进一步宣扬当班干部的好处。我们学校招收新老师，来了15个研究生，笔试前三名进入面试，进行说课等环节。其中一位说课表现还不错，大家都比较看好他，但最终还是被刷下了，为什么？在最后的校长面谈环节，校长问了一个问题："对选修课怎么看？"他回答了三个字："不知道。"

我把这个事例说给学生听，请他们判断这位研究生为什么会落选，该如何做出得体、巧妙且又能给对方留下良好印象的回答？

我向学生传达的是沟通能力很重要，学会表达很重要。我向学生展示，假如是我，我会怎么说。我会说："校长，很不好意思，在大学里，我一直在研究自己的专业，对中学的课程设置还不是很了解，您今天问我这个问题，想必您对这个问题有深入的思考，不管我能不能录取，希望您给我一个成长的机会。关于选修课，您是怎么看的？"

听完我的模拟回答，学生们频频点头，然后，我再一次说明，我的口才怎么来的，是当班干部学来的。

宣传动员后，有学生写了如下内心感触。

老杨同志的班会课对我触动很大，以前我只会认真地混日子，对未来毫无目标，但现在我希望自己能更主动一点，提高自己的工作能力。我没有主动参与，一方面是因为胆小、害羞、怯场，不知如何表达自己内心的想法；另一方面，是觉得班干部这种活与自己无干系，累死累活，最多也就是一个优秀班干部的头衔。但到了杨老师您的班，气氛感觉完全不同了，班干部成了很热门的活儿，听你这么扯两句，感觉当个班干部，多做一点事，生活会幸福美满得多。

适当的宣传发动，让更多的人参与到班级管理的尝试中，形成一种繁荣的局面，是不是要比班干部工作无人问津要好？如果同学们真的两耳不闻窗外事，一心只读圣贤书，凡事需要班主任亲力亲为，岂不是很麻烦？

三、模拟运行，有能力者居之

在很多老师看来，班干部选好了，班级运作就可以开始了，大家在各自的岗位上按照既定的规则运转就可以了。但我会给出一个模拟运行期，时间定在 9 月开学至"十一"期间。

高中阶段是学生自我成长最关键也最快速的阶段，如果高中的班级管理还只是让学生按部就班以完成任务的形式进行，是达不到我们所期望的成长目标的。岗位选择、职责确定、力量组合、计划制订、奖惩制度，等等，各项活动和环节必须让学生真正投入进去。

所以，这开学后的第一个月，全新班干部制度模拟运行时，我放开权责，让学生自己去折腾，让他们自己决定想做什么、承担什么。如果与他人的意愿有冲突，我也只是大致划分一下时间、岗位，稍加调剂。当然，这个月肯定会有些问题，会让人感觉特别乱，但这种乱是有价值的。

比如，班级卫生，这一直是比较难的，安排、督促不到位就会经常出问题。有一次，有两名学生主动承担了倒垃圾的岗位，但两个星期后，觉得太累不干了。面对这种情况该怎么办？

很多时候，我们老师很害怕学生身上出问题，一旦出问题便无比焦虑。其实，从另一个角度看，问题背后蕴含着教育契机。有人说，发现一个问题比解决一个问题意义更重大，从某种意义上来讲，这是正确的。班级的发展与进步、老师的突破与提升，不都是在解决问题的过程中实现的吗？每一个问题的解决，都是我们在专业化道路上向前迈出的坚实一步。

我们的学生要经历 6 年小学、6 年中学，这是一个长跑过程，而不是百米冲刺，不用着急让学生一步到位。在自然状态下，学生的本性、能力等方面的问题更能展现无遗，而问题的暴露远好于强制高压下的安静听话。乱哄哄的班级未必就是乱班，整齐划一的班级未必就是好班，背后很有可能是风起云涌、暗潮涌动，这是比乱班还可怕的。

所以，不要害怕学生出问题，关键是面对问题时要充满信心，在问题面前不退缩，肯动脑子，问题通常都能得到解决。

比如，周同学个人爱好体育，信心满满地说，体育委员他来当，秋季运动会就由他来负责筹备，我说好的。运动会有广播操比赛，每个班级 38 人参加。他在黑板上写了一个通知："请有意参加运动会广播操比赛的同学到我这里报名。"这个表达有没有问题？有，问题太大了。第一，全班有 50 多人，要参加的来报名，工作量其实比较大。第二，被动是人性的鲜明特征，和小学生相比，中学生更多了一份羞涩，又加上是广播操比赛，即便有意愿参加的都不见得会主动报名。没人报名，负责的同学就要去催，最少要催38次，越催阻力越大，会使负责学生产生一种错觉，同学们怎么这样啊，对班级一点热情都没有，事情就会越做越没劲。

我给周同学说了上述分析，并给出建议，不妨写出如下通知："有特殊情况不能参加广播操比赛的同学请到我处报名，一个小时之后截止。"这样一来，不想参加的，可能会感觉别的同学都参加了，报名不参加有点不好意思，就不大会主动报名了，这就为我们的工作赢得了主动，赢得了空间。限定了截止时间，省得拖拉，防止时间耗费过多，其实也减少了报名不参加的人数。报名不参加的人少了，我们就有了选择的空间，那些广播操做得不够好的，就可以调整下去。当然，要给出让人舒服的理由。

再比如，蔡同学主持黑板报宣传，可问题来了，没有同学帮他出黑板报，然后他情绪失控，说这个班级不好，批评同学不爱班，工作不主动。我就和他一起分析问题出在谁那里。不出黑板报就是不爱班吗？谁都不会这样武断地认为，但在某个具体工作的时刻，面对他人的不配合，老师都有可能这样推想。但是，每个学生不出黑板报都有其独特的原因。比如，某个女生，可能是因为身体不舒服；某位同学可能是因为今天的小测试没考好，心情不愉快；某位同学可能是上课时莫名其妙地被批评了，没兴致出黑板报了。可能还有很多我们没有想到但又确实存在的原因。可能真的是因为班上没有粉笔字写得好的，也没有特别擅长画画的，所以他们没有勇气参与。同样地，如果校长叫我杨春林去出黑板报，我也是不会去的，不是我不爱校，是我觉得自己的字拿不出手，又没有什么美术功底。

蔡同学听了，情绪下去了，又问："那这个黑板报怎么办呢？"我说："看我的。"于是，我对学生们说："你们不出肯定有你们的理由，杨老师是理解的。但班里的黑板报就这么空着，不参评，这个总说不过去的。这样吧，只要填满就行了，随便画、随便写。一个年级12个班，我们争取第12名。"当然，这不是真正解决问题的方法，我只是把黑板报的问题抛出来，强调方法总比问题多。比如 6 人一组承包制，反正未来两年里，每名学生都要参与班级黑板报展出活动。

讲完之后第二天，黑板报就出好了，当然，结果也果然是第 12 名。但我还是及时表扬了他们："虽然质量上有待提高，但任务最终完成了，说明同学们还是热爱班级的。"我们相当于从零起步，慢慢琢磨，慢慢提高。后来，包括黑板报在内的班级文化布置评比，我们班获得了第二名。

如何有效选拔班干部，无非三个关键问题，通过何种方式、经过何种过程、选择何种对象组建班干部团队。以竞争上岗为主、老师任命为辅，经过摸底、宣传、模拟三个过程，基本上可以把班级中最有管理能力的人吸纳进班干部团队。

第二节 ▶ 传统班干：继承和发展

传统班干部制度和职责，基本上界定清晰，权责明确，有较强的指导作用。我依据传统的班干部制度，结合班级实际，明确了以下相应职责。

班长：全面负责班级工作，定期召开班干部会议；协调各个职能部门的工作，主动顶替缺岗的班干部；汇报情况，反馈问题，处理各种偶发事件。

副班长：协助班长工作，做好考勤工作，负责办理请假手续。

学习委员：分发新书；召开课代表会议；管理、考核和评定课代表；板书课程表；接替缺岗课代表的工作；营造浓郁的学习氛围。

劳动委员：排定值日表，督促值日生每天两次清洁教室；安排、分配大扫除任务，检查大扫除情况，组织力量进行整改。

宣传委员：美化教室，宣传班级；制作军训特刊，发动同学们撰写运动会稿件；每月刊出一期黑板报。

电器管理员：负责关闭电器切断电源；定期清理、检查电器，报修问题电器；用相机记录班级活动，学习视频制作软件，制作班级活动视频。

文娱委员：开展班级文娱活动，组织学生参加艺术节表演。

生活委员：领取水票、粉笔；安排学生抬水；定期清洗饮水机；两周一次检查仪容仪表；及时报修损坏公物；管理班级活动经费；添置各类班级必需用品，如美化用品、卫生用品。

组织委员：组织班内及班级之间的各类活动，如节日庆祝晚会、体育赛事、外出游玩等。

体育委员：积极组织全班同学参加课间操、眼保健操、运动会等体育活动，做好出操、集会的整队工作，要求整齐、安静、快速，并清点好人数；

负责体育锻炼课器具管理，落实训练工作，提高体育达标优秀率、合格率。

宿舍管理员：领取扣分单，扣分落实到人，分类汇总、整理扣分情况，召开寝室长会议，找责任人谈话，提出整改措施。

再好的制度，一旦按部就班走向固化，也就失去了生命力。要让传统的班干部制度永葆青春，始终保持在班级管理中的魅力，必须与时俱进，必须对传统的班干部制度进行变革和创新。

怎么变？前面所提的岗位职责中，可以结合新形势加入新内容，体现班主任对班干部的理解和引领。当然，在具体工作中，班主任要给班干部充分的空间，大力支持其"变"、其"新"。

我以"学习委员"的工作开展情况为例，说明"变"可以无所不在，可以使常规的工作"变"出管理的智慧。

一、开展及时、应景的活动

教育过程中，会碰到很多问题。比如，重点要突破，难点要落实，热情要点燃。要解决这些问题，组织活动是不错的选择。

（一）"背霸"评比

[背景]

"必修四"要求背诵的内容比较多，学生们对背诵有畏难情绪，每次默写时，总有十来个甚至更多学生通不过。高考语文有 6 分默写，这道题目出自教材，只要背会规定的篇目，这 6 分便是可控的分值。非常遗憾的是，总有部分学生不愿下苦功，把这 6 分拱手相让。

[目的]

创建平台，让背诵能力强的学生脱颖而出，收获幸福、快乐与自信。

借助活动，发掘潜力，树立榜样，提高学生背诵的积极性。

营造背诵氛围，让学生在群体背诵活动中，感受学习的快乐，收获成长的体验。

［实施］

利用一周（5 月 9 日至 5 月 16 日）的早读和边角料时间，背诵"必修四"第三模块"笔落惊风雨"的全部内容，包括《蜀道难》《登高》《琵琶行》《锦瑟》《虞美人》《蝶恋花》《雨霖铃》《声声慢》《滕王阁序》《秋声赋》等，4 篇唐诗、4 篇宋词、2 篇散文，共计 10 篇。

［考核］

1. 四人小组推选一人参加"背霸"角逐。

2. 如果认为自己小组实力不济，可以弃权；如果小组整体实力较强，除了推选参赛的选手外，可以自荐参加。

3. 编号配对 PK 淘汰。具体做法是，一方出题，对方接背，双方各出五题，接背成功率高的一方胜出。如果难分伯仲，通过加赛决出。参赛选手所在组成员，既是观众也是裁判。

4. 实力最强的 5 名学生荣获"背霸"荣誉。不甘心被淘汰或是对"背霸"实力持有异议的，可以自选"背霸"挑战，挑战方法同 3。一旦挑战成功，替换先前"背霸"，荣升"背霸"。

总之，能站到最后、笑到最后的，才是当之无愧的"背霸"。

［表彰］

1. 全班鼓掌 15 秒，以示祝贺。

2. 介绍背诵经验，推广背诵做法。

3. 发布喜讯，通报家长，共享快乐。

4. 发放纪念品，永久留存这份记忆。

（二）"你追我赶"活动

［背景］

1. 期中考试结束后，学习状态容易松懈；期中考试成绩不错，则要趁热打铁，抓住机会，顺势而上。

2. 虽是期中考试刚过，但 6 月份基本是考试月，学期所剩时间寥寥无几。

[目的]

浓郁学习氛围，提高学习成绩，推进班级成长，创建优秀班集体。

[措施]

"你追我赶"活动

	姓名	性别	成绩	情况分析	具体对策
挑战者					
被挑战者					

[规则]

1. 本活动是班级集体活动，鼓励每个同学都参加，但不强制。

2. 为确保挑战更激烈、更有成效，挑战目标不可过高，也不能偏低。被挑战者，以第一次月考成绩为原始成绩，在成绩优于自己 5—15 名的同学中任选。前 5 名的同学，可以以年段里的优秀选手为追赶目标。

3. "成绩栏"要包含各科成绩和总分排名，对策要具体、可操作、可考评，不能写诸如"好好学习"之类的空话、套话。

4. 若未能挑战成功，赠送被挑战者一件小礼物，并继续追赶直到成功。如果挑战成功，则反之。礼物鼓励自制，购买价格则要在 20 元以内，不许攀比。竞赛结束后，进步最快的三位同学，和成绩名列年级前十的同学，给予神秘礼包奖励。

5. 用自己独特的方式，告知追赶对象，表达矢志超越的决心；班级制作精美的"你追我赶"学习竞赛榜单，悬挂或张贴在教室显眼的位置。

6. 同学之间要有问必答，互帮互助，公平竞争。如果查实有恶性竞争情况，当事学生将会受到严厉处罚。挑战成功者，学期结束，奖励 10 分考评分，享受班主任向家长打电话报喜待遇。

7. 本活动最终解释权在班主任。

[表彰]

"哇！好漂亮的荷包！"

"怎么回事，牵上手了？"

"沈同学，你不能皮笑肉不笑，笑得如此勉强，大不了从头再来嘛！"

"冬天送手套，好！热在手上，暖在心头！"

"送我口罩，啥意思呀？让我戴着试试再说！"

"老师，没有我是不完美的，重新来一张。"

活动结束，用了一节课时间，专门召开了主题班会。学生们互赠礼物，表达祝福，定下新的目标，拍照留念，现场嗨翻了天。整个过程气氛热烈，其乐融融，调剂了生活，增进了感情，取得预期的效果。

（三）"磨枪"行动

学习要细水长流，要每天进步一点点。但在一些关键点，掀起学习的高潮，凝聚力量，毕其功于一役，既可以取得较好的阶段性检验成果，也能提升关键时刻全力以赴的意识和能力。

[背景]

期中考试将在两周后举行，年级动员大会上校领导做了"成功的秘诀是什么"的主题报告，从理论层面做了指导。如果只是听听激动，想想心动，而实际却是一动不动，那么之前的一切努力就都是徒然的。

[目标]

不求门门拔尖，科科优秀，但求真心付出，问心无愧。

考出比较理想的成绩，对自己、对老师、对家长有一个交代。

[措施]

积极行动，"疯狂冲关"。

把八门学科需要落实但尚未落实的问题看作一道道"关"，集中力量，利用一切可利用的时间疯狂攻"关"，心无旁骛，物我两忘，营造浓郁的考前复习场。

对所有的"关"从"紧要性"和"重要性"两个维度进行排序，根据自己的特点和能力，由主到次，由急到缓，逐一进行攻"关"，把时间投放到最有意义的地方，让复习变得更高效。

从四个方面调动力量：一、同学调整状态，主动参与；二、金牌管理员加强管理，协助同学摆脱闲话、闲事、闲思；三、老师加大巡查力度，及时解决学生思想、生活、学习上的问题，确保以平静的心态复习迎考；四、把考试时间通报家长，让他们提醒孩子认真复习，家校联动。

一切可利用的时间，主要是两块时间。一是茶余饭后、课前课后的零碎时间。要求入室即静，入室即学，尤其是课前，在做好准备工作的同时，浏览、温习前一节课的重点，由课代表负责提醒、巡视、落实。二是双休日时间。作为宏志班，学生离家较远，除了重大节假日，一般不回家，时间比较充裕，但以往学习效率较低。鉴于此，期中考前的两个双休日，全班统一背诵文科科目，统一识记理科公理、公式，统一抽测考核学习效果，周末作业统一放在星期天晚上规定的时间里完成。

[可行性]

独自奋斗难，群体奋斗易。独自坚持难，群体坚持易。奋斗一辈子难，奋斗一阵子易。

[后记]

"磨枪行动"，所谓临阵磨枪，不快也光。其他老师和其他班级的同学都感觉，101班"疯"了。历史课前同学们就开始忘我地背诵历史，前来代课的老师惊呆了，忙用手机拍下这震撼的场面。课后学生乐颠颠地来汇报，说老师表扬他们了，变得越发有劲了。

"磨枪行动"推行以来，同学们热情高涨，受到了老师的高度评价与其他班级学生的刮目相看。但任何一个活动都不可能一开始就能尽善尽美，需要及时发现存在的问题并加以解决，最终不断走向成熟与完善。鉴于此，在"磨枪行动"开展一段时间之后，我及时征求学生们的意见，收集问题，集思广益，力求把工作做得更有成效。学生们的反馈，既有质疑的声音，也坦陈存在的问题，更提出了中肯的建议。

1. 质疑的声音

声音是洪亮，但到底记住了多少？时间是够长，但全神贯注的时间有多久？科目较多，时间分配上是否有问题？

2. 存在的问题

因得到了老师很多赞扬，有些同学忘记了这次活动的本意，认为仅是为了获得老师的赞扬，仅是为了让别的班刮目相看，如此，记忆的效果已然减半。

部分同学漫无目的，小和尚念经，过眼不过心；有的同学刚开始时感觉挺新鲜，劲头十足，没过两天，热情渐退，开始发呆、犯困。

3. 中肯的建议

内容方面。"磨枪"时不宜盲目，什么该读，什么不该读，一定要分清。建议课代表理一下要背诵的内容，以便同学们记忆。"磨枪"应该把整理、理解和背诵结合起来，要减少齐读。

时间安排方面。每次"磨枪"时间不宜过长，否则喉咙吃不消，也容易疲倦。不赞成课间时间全部用于"磨枪"，课间休息、放松或者补充点能量是很重要的。将周末时间安排得宽松些，可在规定的大框架下自由复习。

考核方面。要加大效果检测、考核力度，每个大组分成两个小组，背诵一段时间后，同桌或是组内成员互相抽查知识要点。

其他方面。磨枪活动，光背诵文科还是不够的，建议理科课代表或学科优秀的学生为同学们讲解题目，一节课搞懂一到两种类型的题目，台下的同学提出自己的观点，一题多解。

二、打造小组学习共同体

（一）寝室学习共同体

寝室是学生生活的场所，有天时、地利、人和的优势，如果能有序组织，也可以是学习的好天地，可以成为寝室学习共同体。

在学习委员的组织下，寝室长召开寝室会议，根据各自寝室成员的特点及建议，制定寝室发展的学习小组实施方案。

下面是某寝室的实施方案。

H314 寝室学习小组实施方案（初稿）

一、目标

集体目标　平均分第一

个人目标　冯××　年级第一　　邬××　年级前四十

　　　　　洪××　年级前二十　　饶××　年级前八十

二、措施

1. 早晨。一日之计在于晨。寝室成员共同下定决心，在每天清晨五点半，准时起床。我们将利用清晨的时间，进行针对性的查漏补缺。

2. 晚自修下课后。9:20 分晚自修下课，10:00 熄灯上床睡觉。经激烈讨论决定：在这 40 分钟里，我们每人每天分享一道好题。可以是易错题，也可以是一道思想方法很重要的题，等等。

3. 星期天下午。考虑到我们寝室绝大部分成员，在星期天下午早早到寝室却不知道要干什么。因此，我们决定在这段时间内好好学习，仍未完成家庭作业的同学继续完成，已完成的则复习或预习。

4. 反思回顾。每过两周，在星期天晚上召开寝室会议，讨论这两周措施是否落实到位，是否有些措施难以坚持下去，需要增加哪些奖惩制度来维持这些措施，或者需要改进某些部分，抑或是需要推翻再重新制定切实可行的措施，等等。

三、奖惩

为有效落实相关措施以达成相应目标，严格的奖惩制度是必不可少的。

1. 在月考、期中、期末考中，达成个人目标的，可减免一次寝室值日工作。

2. 在星期天下午 5:30 分之前没完成家庭作业的，罚做一次寝室值日工作。（在星期天晚读之前，将书面作业放在自己桌面上，由寝室成员进行互查。）

最后，希望全体寝室成员能够坚持落实相关措施，不要轻言放弃，坚持努力，最终达成各自目标，考上自己梦寐以求的大学。

各个寝室制定完方案后，在班会课上汇报，互通有无，相互交流。这样，每个小组既可看到自己的优点，也能发现自己的不足。经过一段时间后，寝室成员们在实施过程中发现了一些问题，于是在此基础上，每个学习小组完善了各自的方案，进行了修订。

H314 寝室学习小组实施方案（完善稿）

一、目标

（同前）

二、现状分析

1. 冯××。语文：字形、成语、熟语的积累及病句修改等掌握不好。英语：词汇量不足；语法不清晰。物理：电学实验的许多细节没有掌握好。生物学：伴性遗传掌握不佳。

2. 邬××。数学：空间想象能力和运算能力需加强，不够细心。生物：课堂笔记的整理与课后书上内容的背诵没有落实到位。化学：方程式的背诵需加强，有些反应原理（例如原电池、电解池等）不清楚。

3. 洪××。英语：词汇量不足，语法不清晰。语文：基础知识掌握不全面。数学：向量以及解析几何不是很好。物理、化学、生物：对难题的钻研不够。

4. 饶××。英语：单词积累量少（必修一至必修五的单词仍有许多未掌握）。物理：电学掌握不好。化学：反应速率、电解池没有掌握好。数学：解析几何题目做的不够多，找不到方法。语文：字词积累不够。生物：细胞质一节不够了解。

三、改善措施

1. 早起（当天值日生除外）。一日之计在于晨，下定决心，在每天清晨五点半，寝室长准时起床，洗漱完毕后（5:40左右）叫醒洪××、饶××，催促他们早起并打开寝室灯。同时为提高早起之后的效率，要求全寝室成员在6:25前到达教室，互相提醒，互相监督。

2. 晚自修下课后。9:20分晚自修下课，10:00整熄灯上床睡觉。要用好这40分钟，经我们再三讨论决定：在双休日各成员先针对某一重点难点的章节找到自己认为最有价值的4道题目，对同寝室成员进行某一章节的强化训练，以达到巩固旧知、加深理解的目的。每天一名同学出题，按序轮流。全寝室成员利用晚自修的10多分钟的时间轮流将4道题目完成，并在专门的练习本上写下必要的解题过程。在寝室中，出题人公布正确答案，错误的人分析错因，再将各自的解题思路或错因讲一遍，最后选出最优方法，总结经验教训。在这段时间内，严禁其他寝室成员入我寝室闲谈。

3. 星期天下午。

（同前）

4. 反思回顾。

（同前）

四、奖惩

为能够有效落实相关措施以达成相应目标，严格的奖惩制度是必不可少的。

1. 在月考、期中及期末考中，进步20名或达成个人目标的，可减免一次寝室值日工作，进步40名及以上减免两次；退步20名罚做一次，退步 40 名及以上罚做两次。

　　2. 在星期天下午 5:30 分之前没完成家庭作业的，罚做一次寝室值日工作。（在星期天晚读之前，将书面作业放在桌面上寝室成员互查，特殊情况除外。）

　　3. 有两次未在 6:25 之前到达教室的则罚做一天卫生。

　　最后，希望全体寝室成员能够坚持落实相关措施，不轻言放弃，努力坚持，最终达成目标，考取梦寐以求的大学。

很显然，修订方案比之前的方案完善了，增加了每个寝室成员的现状分析，明确了各自的起点，为活动有序开展奠定了基础；应对措施也更加具体，可操作性提高，为后面的检查、量化提供了便利。很多时候，多做一点，多走一步，突破也就实现了。

（二）学科精英团队

每个精英团队三至五人，要求学科成绩稳定在班级前十，若此要求过高，组建团队有难度，可适当降低要求，在前十名次数最多的同学入围。学科精英团队动态变化，不符合要求者清退。精英团队使命有二：营造学科学习氛围，引领班级发展；负责攻克难题，帮助同学解答疑惑。入围学科精英团队，是一种荣誉，也是一种鞭策。

每名学生上报一到两门学科接受帮扶，力求点上突破带动成绩整体提高。人各有所长，学生既可以是精英团队的成员，也可以是接受帮扶的对象，在相互帮助中结伴同行。

从活动开展时间、规范性、有效性等多个维度，对学生进行考察，定期反馈、公示，期末考核评优时优先考虑。

三、制定教育预案

(一) 培育考试信念

结合考试前后的心理状态，讨论之后，形成以下信念。

一、高考是选拔性考试，命题者必然用意料之外（难题、偏题、怪题、新题）的设计，冲击同学们的心理防线，不论发生什么，淡定就是成功，坚守就是成功。

二、碰到意外坦然面对，做完就是最大成功，毕竟不可能每一道题都是难的。

三、每一分都是很重要的，要有分分必争的精神，得一分是一分。千万不要认为一分是微不足道的，很有可能就是那一分成全或是败坏了你。

四、考完后感觉好的科目，分数不一定高，感觉差的分数不一定低，出分之前，一切都是未知数，不要用未知的好坏决定心情的起伏。

五、考试永远是遗憾的艺术，再怎么充分准备也会百密一疏，再怎么认真解题也会有一不小心的差错，不要沮丧。

六、要有强有力的信念系统，如果重点中学的学生考得焦头烂额，那么普通高中的学生将更是考得一塌糊涂。

七、考试成功的共性是少回首，多展望。毕竟，不论成功还是失败，过去的都已成定局，只有来者犹可追。考试结束后，试图证明自己做对了或者做错了毫无意义，应把时间和精力放在下一门考试中。

每次考试前，我让学生读读背背，做好心理准备，不至于到时手忙脚乱，而能以尽可能平和的心态面对。

（二）考试"防弊"预案

[缘由]

1.考试是人生的重要经历，也是人生的重要考验。作弊是终身污点，事后无法补救。与其事后处罚处分，不如提前积极行动，主动做好预案。

2.每次重大考试时，都有学生考试作弊，过去不会未必代表将来不会，绷紧防止舞弊这根弦很有必要。

[对策]

1.讲明道理。舞弊行为，学校历来深恶痛绝，发现一个查处一个，从未手软过。如果舞弊失了分还丢了人，老师、家长、班级等层面都不同程度受到牵连，舞弊成本实在太大。

2.表明态度。班主任对学生的影响是决定性的，考试之前一定要表明打击舞弊行为的鲜明态度，重申严厉处罚舞弊行为的严正立场，给学生以威慑。

3.填写保证。老师的态度决定学生的态度，要求学生填写《考试诚信承诺书》，把它作为重大事情来做，把诚信的种子深深种进学生的脑海。《考试诚信承诺书》参见附录。

4.自查互检。期中、期末等重大考试，提前15分钟离开教室，离开时启动学生自检和同学互检程序，严禁携带考试必需品之外的任何复习材料和电子设备，把舞弊消灭在萌芽状态。

5.解除顾虑。学生要作弊，无非是有顾虑，怕分数太低难看，怕在父母面前没法交代。我们的口号是："要高分找老杨"、"要说情找老杨"。当然，前提是平时态度认真。

> **附录：考试诚信承诺书** ⋯⋯⋯⋯⋯⋯⋯⋯⋯⋯⋯⋯⋯⋯⋯⋯⋯

为了维护考试的公平、公正，狠刹违纪舞弊歪风，营造诚实、守信的考试环境，树立良好的社会风尚，本人在参加考试时，愿做如下承诺。

一、进入考场时，保证不携带任何书刊、纸条等复习资料和通讯工具，或有存储、编程、查询功能的电子用品。

二、考试过程中，不交头接耳，不偷看他人试卷。不抄袭或有意让他人抄袭答题内容。不接、传答案或者与他人交换答卷。

三、考试结束后，立即停止作答，等老师收齐答题卡、答题纸，清点完毕，宣布考试结束后，离开考场。

如有违反上述承诺，本人将接受相关处罚。

考生签名：_____

日　期：_____

传统的班干部只是执行者。能有效执行指令，达成预定的目标，就是优秀班干部。其实，这是一个误区，班干部能做的还有很多，诸如工作内容的补充与完善、工作形式的拓展与丰富、工作意蕴的深化与升华。不同的时间段，结合班级的实际情况，可以因地制宜、因时制宜地开展活动，点燃学生的学习激情，助推班级发展。

第三节 ▶ 金牌管理：突破与创新

值日班长制是当下班级管理中常用的手段，它以学生参与班级建设与管理为显著特征。教育的本质是追求人的发展，学生参与班集体建设与管理是提升学生能力、促进个体发展的有效途径。切实提高值日班长管理效能，实现班级管理的自主化，在值日班长得到充分发展、长足进步的同时，也促进了班集体释放更多正能量，使全体同学从中受益，自然也可以减轻班主任的工作负担。

但现实中，同样采用值日班长制，其管理效果却大相径庭。有的工作开展得有声有色，成效显著，班级秩序井然，老师在与不在一样，班级在自主管理的征途上大步向前，而有的班级值日班长制徒有形式，值日班长形同虚设，更有甚者，所起的作用不是正向的，而是负面的。

据此，我尝试对高中值日班长管理效能进行研究，通过分析观念认知、能力发展、制度文化及环境配备等因素，寻求加强值日班长队伍建设、提高值日班长管理效能的有效策略与途径，形成了"金牌管理员"的班级管理特色。

一、值日班长制的前身和今世

从现有资料看，魏书生老师是值日班长制的首创者，他于 1983 年开始设立值日班长。值日班长按学号轮流，轮到谁，谁就是当天的值日班长，一人当一天班长。为了使每位学生都能当好值日班长，魏书生组织学生们讨论，确定了值日班长的 10 条职责，值日班长按照职责要求全面负责当天的班级事务，包括管理班级卫生、记录学生课堂表现、撰写值日总结等。

之后，老师们纷纷效仿，并因地制宜，根据具体情况，对值日班长制进行完善。有的学校，甚至把值日班长制作为行政措施，在全校范围内加以推行。虽遍地开花，但大同小异，在值日班长的产生机制、管理形式和管理内容方面差异不大。值日班长按学号先后轮流管理，或是自愿报名然后通过竞选的方式择优录用，或者直接由班干部承担。值日期间，以班级日记的形式，认真记录一天的考勤情况、课堂纪律、精神面貌、批评表扬等情况，并在固定的时间，总结一天的值日情况，明确努力的方向，提出更高要求。

实行值日班长制，确实有不少成功的案例。但不可否认的是，很多实行值日班长制度的班级，徒有形式，虽有良好的出发点，但在实际操作中，变了形，走了样，并没有达到预期的效果。

二、值日班长制低效的前因后果

通过 QQ 群等网络平台调查，以及与全国各地班主任交流，结合自己所在学校值日班长制情况，针对目前值日班长制低效能情况进行分析，我认为主要源于以下几个原因。

（一）对值日班长制的认知存在偏差导致效能低下

1. 班主任层面

在大多数班主任看来，值日班长制无非就是找一个人在讲台上坐着，代替老师行使职权，把纪律管好，让班级秩序井然。殊不知，值日班长制是系统工程，这样理解是曲解，是误解。用这一指导思想管理班级，徒有形式，未得精髓，教育管理效能低下也就在情理之中。所谓管理，既要管更要理，需要有很强的协调关系的能力。而这离不开老师的培育和学生的实践摸索、自我体验。

2. 学生及家长层面

随着社会的发展、认识的提升、观念的转变，越来越多的学生和家长认识到参与班级管理对于人的发展、素质的提高有着重要意义。但同时他们也认为，如果连大学都考不上，所谓的素质也就没有多少意义。他们认为参与班级管理是好，但学生会耗费很多时间和分散很多精力，如果处置不当，或许还会和同学发生冲突，这一切最终势必会影响学习，捡了芝麻丢了西瓜，得不偿失。家长通常认为当务之急是抓好学业成绩，至于能力，到大学之后再慢慢培养。由此可见，我们不得不面对一个现实：不少学生及家长虽思想上认同，但行动上并不愿参与，导致一批有管理能力的学生未能加入值日班长团队中来。

（二）选拔制度的缺陷导致值日班长的管理能力总体低下

目前，值日班长人选的产生，主要有三种方式：①按学号先后轮流管理；②自愿报名然后通过竞选的方式择优录用；③直接由班干部承担。这三种方式各有优势，但都有先天不足，导致值日班长的管理能力总体不高。

比如，按学号，强调人人参与，都有体验，但根据多元智力理论，每个人的兴奋点、擅长处是不一样的，有的会学习，有的善管理，并非每个人都适合担任值日班长。若是每个人都担任值日班长，往往会因每天的值日效果差异过大，而影响整体的管理效能。采用轮流制，还会因为没有选拔，给学生"工作没有含金量"的错觉，极大降低学生的参与热情。

而报名竞选择优录用，既是主动参与，又是择优录用，看起来不错，但结合高中生的个性心理来看，主动报名的往往是少数。那些有能力却缺少勇气、有能力却不知道自己有这个能力的管理能手会被埋没，而一些有热情却没有能力的人可能会因为一时的个性张扬获得同学或老师的欣赏，却缺少后继的工作能力。

至于让班干部做值日班长，确实也是一种选择。班干部一般是由同学们选出来的，由他们进行管理名正言顺，学生乐于接受。但事实证明，尽管班干部队伍中不乏有管理能力强的，但并非每一个人都有很强的管理能力。我在管理实践中曾选拔出最有管理能力的 14 名学生，只有 5 名是班干部，其他都是普通学生。

（三）没有后续的保障机制导致值日班长制形式呆板、缺少活力

确定了值日班长的人选，值日班长开始工作。一开始同学们还很有新鲜感，但伴随着日复一日的检查、记录，机械重复的步骤，值日班长便会失去工作热情。面对大同小异、千篇一律的总结，同学们也开始审美疲劳，慢慢不再关注。时常出现这样的场景，值日班长在上面总结，下面的同学或埋头苦读，或是聊天抗议，根本不管什么批评、总结，颇有"事不关己，高高挂起"的姿态。

三、金牌管理员为班级发展护航

鉴于值日班长制管理效能不高，结合班级实际，我从 2009 年起，致力于值日班长制的改良实践，有意识地摒除当下值日班长制的通病，创立了"金牌管理员"制度，希望能走出一条可行的路。实践证明，这一制度适合中学生，是行之有效的。我的教育实践分以下几个阶段。

（一）开展"心动"行动，发动全员参与

要让值日班长制有效高效，首先要解决参与热情的问题。只有全班同学都积极参与，提高效能才有可能。为此，我着手做了三件事。

1. 用美名吸引

值日班长，有班长之名，而无班长之实，其本质只是个值日生，难以让学生心生向往。面对这种现象，我对值日班长进行重新命名，把"值日班长"

更名为"金牌管理员"。金牌管理员是专业人士，背后蕴含的是肯定与表彰，非同凡响。从某种意义上来讲，金牌管理员是能力水平和身份地位的象征。

2. 用未来召唤

充分利用班会课，大力宣传参与班级管理的意义，阐明它对于人生的价值，强调勇于展现自我、积极参与管理，能够提升与人交往的能力，这样的人在大学中必能脱颖而出，可以给自己创造更多的机会，充分发展个人的能力，以此引起学生们对金牌管理员的向往。

3. 用事实证明

参与管理，就有了责任和使命，能极大地激发潜力，迸发出令人诧异的能量；参与管理，实现了自身的价值，能带来良好的心态从而促进学习；参与管理，有更多与老师交流的机会，与社会阅历丰富的成年人交往，一定能收获成长。如朱××同学，既是班长，也是金牌管理员，承担着学校、班级的大量工作，他不断思考，常与同学、老师交流，在提高效率、挖掘深度上下功夫，在出色管理班级的同时，他的学业成绩也相当优异。最终，他考进了浙江大学的竺可桢学院。

（二）启动"海选"计划，确定管理人选

金牌管理员的选拔规则很简单：人人参与，末位淘汰，海选产生，有能力者当选。具体操作分两步。

第一阶段：体验之旅

按照学号轮流，每人做一天值日班长，体验管理生活，发掘自我潜能。7人为一组，值完7天，全体同学投票表决，淘汰管理效果最差的一名。此举可以让每一名同学都去经历一番，了解一下自己有没有管理能力，哪怕今后不当值日班长，至少能对值日班长多一份理解。

第二阶段：竞争之旅

体验之旅后，被淘汰的同学，并没有太多损失，只能说明对他来说此路不通，或者说在管理方面他的起点并不高，他可以去寻找更适合自己的发展方向。没有被淘汰的同学，拥有自主选择权，既可以选择继续参与竞争，也可以选择退出。毕竟，强扭的瓜不甜，做自己不感兴趣的事情，一定不是最高效的。

经过多轮交锋，一轮又一轮的淘汰，在同学们的期待与肯定中，14名金牌管理员闪亮登场。无关男女性别，无关成绩优劣，也无关是不是班干部，完全取决于学生的管理能力，及其对班级的正面影响。

确定14名金牌管理员，每人负责管理一天，两周一轮回，不仅能让更多的人体验成功，还可以减轻负担，避免工作过于集中而疲于应付。另外，因为有相对充裕的时间准备，提高总结的质量也成为可能。这种方式选拔出来的金牌管理员，经受了残酷的考验，深得同学的信任，他们既有管理能力，也有服务热情。

（三）进行管理培训，提高管理能力

1. 岗前培训，明确基本要求、基本规范

（1）基本要求

"主动"，当仁不让，想在前头，走在前头，工作要有预见性、前瞻性；"严肃"，充分认识到，自己肩负重大使命，管理的绩效关乎班级前景，不可随意，更不能随便；"智慧"，怎么说、怎么做，什么时间做、安排谁做，事前思考，统筹安排，力求最佳的管理效果；"规范"，做好记录，依法治班，实事求是，不徇私情。

（2）基本规范

时间段	晚自修	早自修	午休	次日晚自修
到岗时间	提前20分钟	提前20分钟	前10分钟	预备铃声

岗位任务	检查卫生，巡视提醒，确保同学进入良好学习状态	迎接同学，制止在教室里用餐，做好考勤工作	制止喧哗，创设宁静环境，登记迟到者，记载原因	值日小结，表彰或批评，并分享励志故事

14 位同学，分单双周管理，17:50 开始上晚自习，金牌管理员提早 20 分钟即 17:30 开始上岗，次日 17:30 结束。金牌管理员，是当天教室里的领导者，全权负责当天的所有班级事务，包括考勤、检查"三操"（早操、课间操、眼睛保健操）和卫生情况，维持课堂纪律、课间秩序，填写值班日志。次日 17:30 分左右，新旧金牌管理员交接班。17:50 分，晚自修预备铃声到正式铃声之间的 10 分钟，管理员对一天的情况进行总结，向全班同学扼要总结当天的班级情况，推介感动人物，分享小故事。

通过通识培训，让管理员明确职责要求、实施步骤及基本工作流程，把握大方向，把成长的主动权交给学生，让他们边实践，边摸索，边成长。

2. 岗中培训，促进个体发展

学生是发展的个体，即使海选出来的金牌管理员，也难免会有管理上的失误。个性问题，我及时与他们进行私下交流；共性问题，及时召开管理员会议，群策群力，进行研讨，根据工作中的具体情境，对管理员进行实时培训，以促进他们成长，一步一步走向成熟。

（四）突出总结环节，激发正能量

值日总结是一天值日中很重要的部分，是值日班长制的亮点所在。一年来，我一边摸索一边完善，金牌管理员制度已经相对成熟。金牌管理员做值日总结时，一般完成三项工作：总结一日常规、推介感动人物、分享励志故事。

1. 总结一日常规

一天值日下来，管理员会发现班级中存在的优点和不足，金牌管理员对此进行梳理，如实客观地向同学进行反馈。好的方面，管理员予以表扬；不足方面，管理员也直接批评。建议同学们以有则改之、无则加勉的态度对待。班级里逐渐形成了公开透明、有话直说的良好风气。同学们理解并支持管理员的工作，管理员更加认真负责地工作，班级秩序井然，同学相处融洽。

2. 推介感动人物

批评有时并不能让一个人改过，只有发掘一个人的闪光点，才能让一个人变得更加优秀。现实生活中，人们往往过多关注缺点，而忽视开掘优点。很多学生看似平淡无奇，若细细观察，他们同样有很多值得大家学习的地方。本着更细心观察生活的态度，让更多的同学发现身边的美，我特意在总结时设立这一环节。让管理员用自己的眼睛去寻找身边的感动人物，要求推荐的感动人物有具体的事实依据，即"摆事实，讲道理"，也就是利用"痕迹"育人，杜绝德育的"假大空"。比如，通过管理员的推介，同学们了解到，小俞每天都给妈妈、奶奶、外婆打电话问候，孝心感人。类似的例子很多，那些过去不曾被发现、被关注的细节一个接一个被挖掘出来，一个个温暖的、鼓舞人心的形象被还原。同学们一次又一次被感动人物感动，感动人物也收获了在集体中的价值和强烈的集体归属感。在浓郁的情感场中，同学们在感动中，学会了去留意身边那些被忽视的感动。

3. 分享励志故事

有很多故事，除了情节曲折生动、引人入胜外，往往还蕴含丰富的情感、深刻的哲理，是很好的教育载体。管理员利用课余时间寻找一些小故事，它们或励志，或富有创意，或温情。比如，小吴讲述的"我真子"系列，用他独特的幽默语言组合而成的一个个故事，让同学们读到了人生百味。小方讲述的"破案"故事集，极调动同学们的思维，让同学们当了一回侦探。小虞同学讲述的"第二高峰"的故事，让我们知道第一名才能被铭记，第二名往往被遗忘，因此追求卓越是我们每个人的本职。小江讲述的日本雅马哈摩托车为借鉴美国技术图纸不惜"开膛破肚"的故事，让我们知道成功很大一部分来自勇气。

也有管理员用看小视频代替讲故事。小俞同学播放大学生录制给高三学生的视频，让同学们知道时不我待。小来同学播放蜗牛想要爬得更高的视频，以此激励所有同学知难而进。小刘同学播放讲述高三生活的视频，让同学们找到了自己努力的方向。

当然，管理员也会讲述发生在他们自己身上的故事。朱同学讲述了自己由内向的小孩成长为如今阳光、自信男子汉的历程，以此激励有些自卑、有些抑郁的同学。章同学讲述了她自己遭遇车祸后和爸爸、和同学的故事，表达生活的温暖和美好，感动了很多同学。傅同学真情演绎了退步前后的巨大反差，以此警示，更以此激励那些曾经辉煌、如今徘徊、成绩退步的同学不要放弃……

金牌管理员并不满足于讲完故事，一直努力尝试把故事讲得更好。于是，各种各样的故事，各种各样的道理，以各自的方式纷纷呈现。管理员讲着，同学们听着，双方升华了精神世界。

管理员在完成规定动作的同时，开始尝试创新管理，百花齐放，各显神通。比如，有的金牌管理员总结时推荐了高效学习方法，有的介绍了美丽的大学校园，有的宣传了自己的家乡。这些都诠释着他们对真善美的理解。

（五）建立保障机制，激发管理活力

一次次的PK淘汰，能在竞争中立于不败之地，这是无上的光荣，也是最好的奖赏。这无疑会鞭策金牌管理员全力以赴。但我们不得不正视一个现实，从事某种工作时间长了，如果没有新的外在刺激，人们通常会走向倦怠。为此，我建立保障机制，激发管理活力，让管理员保持良好的工作状态，管好自己的每一天。

第一，反馈制。建立学生与管理员的互动机制，定期收集来自学生的评定意见、给予反馈，促进管理员转变工作作风，提高工作效能。

第二，复活制。引进竞争机制，定期让有志于管理班级的同学进入复活赛，站在同一起跑线上与老管理员 PK，让已入选的同学产生后有追兵的危机意识，时时警醒，从而提高管理效能。

第三，申诉制。对管理员的管理、批评不服，可以提出申诉，表达抗议，让管理员感受压力，让值日工作做到公正、公平。

第四，作业制。为了让同学们的总结有含金量，我通过作业的方式，促进值日班长思考。具体做法如下。一、分阶段让学生交简易述职报告，反思自己管理的优劣得失。二、提前一月规划值日总结的内容，交老师审核把关。三、每学期完成命题作文——《如何做一个优秀的管理员》。

第四节 ▶ 保障机制，注入生命的激情

高中学生，他们更独立、更自主，更有管理能力，这为提高管理效能提供了可能。我借助改良的值日班长制，轻松治班，收到了很好的效果。班级班风正，学风严；同学们在自我管理的环境里，快乐学习，健康成长；竞赛领先，成绩名列前茅，成为学校公认的品牌班级。高考成绩优异，班级多次被评为杭州市优秀班集体，个人也因管理有方，被评为杭州市优秀教师、杭州市优秀班主任，成为杭州市首批名班主任工作室的领衔人。

金牌管理员的工作，深受学生认同，有学生由衷表达了对此管理制度的赞誉："八班值日总结不是一般的值日总结，而是利于生活、学习、工作的一个小课堂。虽然每次只有短短的 10 分钟，但精神的力量却能长久保存在他们心中。值日总结，八班的黄金档，正以它独特的方式运行。八班人，正以他们独特的脚步前行。在值日总结的伴随下，八班人的视野越来越开阔，内心越来越充实，性格越来越阳光，学习越来越得法，生活越来越幸福。"

班级管理烦琐细碎，有做不完的工作干不完的活儿，而且难有成效，但我有充分的理由相信，班主任若能调动同学们参与班级管理的热情，选拔并把权力下放给有能力的值日班长，既把学生看作管理的对象，又把他们当作管理的主体，以此提高他们的主人翁意识，调动他们的积极性、主动性，引导他们自己积极思考、主动探索、自觉实践，结合自身特点、班级特征，因地制宜开展值日班长制，就一定能为班级注入活力，让班级焕发生机。

金牌管理员华凯纯的总结，在一定程度上表达了管理员的心得，我们可从中体会到金牌管理员制度给予班级和个人成长的力量。

高一即将结束，对值日班长们的总结，我收获颇丰，下面为大家梳理一下。

一个人，无论干什么事情，都要有一个态度。陈静垚为我们介绍过三文鱼，三文鱼激流勇进的态度，是我们应该学习的。然后，你要知道，不管你要做什么，都必须先想，因为有"想"才会有下文，应家宁就说过"一切视乎你想不想"。光想当然没有用，我们要行动，因为章高飞说过"我们必须尝试"。但是，并不是每一次行动都会有收获，甚至还会有失败，朱琳就曾说过："不是每一次努力都会有收获，但是每一次收获都必须付出努力。"在失败面前，你要反思一下自己，是否对自己要求不高，你要想到洪璟说的"人不能太随心所欲"。就像夏俊雄给我们看的《进击的巨人》一样，男孩不能救出自己的妈妈是因为他没有力量，而我们不能做到想做好的事，是因为我们没有真正努力。

当然，一个人单枪匹马也不行，因为我们生活在一个社会中，学校也是一个小社会。我们需要在困境中寻求同伴的帮助，因为裘若珺为我们介绍了大雁的合作精神，让我们知道，团结的力量是多么巨大。在团队中会有许多摩擦，要多设身处地为他人着想，因为徐艳婕告诉我们："要多包容他人。"

时间慢慢过去，我们也在慢慢成长，你别忘记你身后最坚实的后盾——家。因为胡柳平说过，家是最温暖的港湾。想到家，你应该更加努力，因为张依菡告诉我们："要让自己成功的速度赶上父母变老的速度。"

我们往往后悔，认为当初应该怎么样，现在如果怎么样，我就能怎么样，却不知道珍惜现在的生活。要知道，我们的生活不能重来，因为董丰琦说过："没有如果，所以不要后悔。"郑露华告诉我们："不要求太多，多并不代表幸福。"当然，我也说过："做人简单一点，才会幸福一些。"我们会遇到许多比我们优秀的人，但不要总是仰望别人的幸福，因为周洁说过"每个人都有最美的十年"。

总之，不论你以后处境如何，一定要记得杨老师说过："最先放弃的人最没用。"所以，我们不轻言放弃！

　　最后，一班说过："一班的每一个人都会加油，都会找到属于自己的未来。"

　　谢谢！

　　这看似简简单单的值日管理制度，需要班主任时时用心思，处处动脑筋，进行艰辛的劳动。班干部的培育和成长，要注意以下三点。

一、营造宽松的外在环境

　　创造性是鼓励出来的，是培养出来的，学生的创造性和成长环境有着密切联系。专制会使学生变得缺乏自信心。教师应给学生一个安全、宽松的成长环境，要尊重、关注、理解他们，允许他们犯错误，使他们在周围人的支持下愉悦成长。

　　值日班长的选拔、值日班长的管理理念和管理实践、保障机制的执行、班主任适时的指导和帮助，都需要体现公正、民主，切不可搞家长制、一言堂，这样才能最大限度地激发值日班长制的生机和活力，实现管理的高效。最直观的，如值日班长的选拔，不论男女性别、成绩优劣，真正有管理能力的同学居之。以刚毕业的班级为例，14 位值日班长中，传统班干部 5 人，普通学生 9 人，从成绩来看，成绩优秀的 3 人，成绩中等的 6 人，成绩落后的5 人。

　　民主与平等，不能只停留在口头上，需要班主任发自内心地尊重、理解学生，包容学生包括金牌管理员的错误，创设无恐惧的教室，让管理员没有后顾之忧；同时，不以分数论英雄，让有能力者居之。

二、创建积极的评价机制

随着时间推移，值日总结渐趋同质化。长此以往，将会使同学们产生审美疲劳，金牌管理员制度会失去生机与活力。为避免此类现象的发生，每次值日总结时，我都尽量到教室旁听，有意关注值日总结内容的变化，提醒管理员横向和同学区别，纵向有所发展，鼓励各位管理员主动创新，以独特的方式演绎自己的总结时间。

如傅一舟的《一舟播报，播报一周》讲述一周内发生的时政，让同学们"家事国事天下事，事事关心"；陈宣铣的《铣哥来了》用自己摄制的录像洞察生活；方洁梅发起"为爸妈剪一次指甲"活动，让同学们学会从小事学会感恩；朱安迪的吸引力法则教同学们更好地调节心态；杨瑞的心理游戏"谁是你的重要他人"，让同学们体会到原谅的必要性。

学生毕竟还是孩子，办事不可能尽善尽美，不能以成人的标准要求他们。否则，带给他们的只会是不断受挫，甚至一蹶不振。只要有发展，有变化，都应当给予鼓励，鼓舞他们勇往直前。班级管理中，评价可以多种多样，口头的、书面的，语言的、非语言的，定期的、随时的，等等。不论何种，评价时要特别注意及时和具体。

经过不断完善与创新，值日总结在同学们心中的地位越来越重。它不仅是日常生活的通报，也能让同学之间的关系变得更加和谐友好，更能提升个人的情商、逆商。创新，不仅在形式，更在思想的碰撞、智慧的交流，让学生们学会用不一样的眼光看待世界、看待事物、看待各式各样的人。

三、丰富愉快的成长体验

成长必定曲折而艰辛，班主任要理解并支持值日班长的工作，勇于承担值日班长因缺少经验造成的工作失误，做值日班长的坚强后盾。我向同学们解释，值日班长工作繁重，同学们应支持他们工作；他们有过错向我反映，向我抱怨，由我承担，由我道歉，要给金牌管理员改进的机会。

经验需要反思和积累，每当值日班长出现分寸失度，过于频繁地批评某个同学，或是带有明显的负面情绪总结，导致当事学生不快，甚至诱发对立与冲突时，班主任需及时指导，教会金牌管理员客观陈述和反馈，控制情绪，理性分析，实现有效管理。

班主任强有力的支持，让学生在碰撞与冲突中，提高了管理能力，习得了与人交往的技能。管理员虽然工作繁杂，但他们如果切实感受到了成长，体验到了生命日益丰盈的喜悦，这将会成为强大的内在驱动力。

第四章 /

班级活动：共性变个性

　　活动是身心发展、精神成长、性格塑造的重要途径。变零敲碎打为系统开展——高一重亲子、高二重实践、高三重励志，形成个性化、系列化的班级活动。

第一节 ▶ 亲子活动：亲情的浸润助推成长

亲情是一种力量。和谐的家庭、融洽的关系，能解除学生的后顾之忧，助力孩子的成长。很多孩子成绩滑坡，甚至一落千丈，往往不是孩子智力的问题，而是源于外在原因，可能是家长的期望有问题，可能是家长的教育方法有问题——更年期碰上了青春期，亲子关系紧张，家长不满，孩子叛逆。

初中学生基本以走读为主，父母亲守在边上，不论教育能力高低，对孩子总能起到监管作用。进入高中以后，学生大多以住校为主。学生脱离了父母的监护，在这个年龄阶段，受同伴的影响更大。如果要延续父母对孩子的影响，必须让孩子对父母多一份了解和理解，否则就会成为空谈。

基于这样的思考，对高一学生而言，开展亲子活动非常必要。搭建亲子互动平台，不能解决全部问题，但能在一定程度上缓解紧张关系，做出学校教育应有的贡献。

一、今天我掌勺

学生活动必须关心学生个体成长。成长不仅仅是学习成绩的提高，更应该是学生慢慢成人的过程。我们必须关注学生对家庭、对生活、对社会的关注和理解，我们的活动也应该考虑这一点。

[活动意图]：在家时，孩子坐在电脑旁的时间太长，家长往往又束手无策；孩子生活技能严重欠缺，对生活酸甜苦辣的体验不深，不成熟；孩子体会不到做父母的艰辛，欣然接受父母的付出，缺乏感恩之心；孩子不能合理安排学习时间，整体规划能力相当欠缺。孩子身上存在的这些问题，需借助

一些载体加以突破。

[活动内容]：今天"我掌勺"——定菜，买菜、洗菜、切菜、煮菜，上菜，包括最后收拾碗筷等清洁工作，都要独自完成。家长可以口头指导，严禁动手帮忙。

[学生自测]：是否顺利完成任务。

[家长反馈]：孩子完成任务的情况，活动感悟。

除个别同学因特殊原因外，基本上都动手为家人烧了一顿饭。有成功的，也有失败的，但都有体验，都有不同程度的成长。相比之下，以前很少动手的男生可能收获更大些。家长们都大力支持，基本上都能根据要求去做。当然，也有个别家长还是给孩子做了过多准备，导致孩子只需插个插头就可以了，坐失了深入体验的机会。

活动结束后，家长对活动做了反馈。

1. 杨老师：您好！誉佳今天上午冒着大雪独自买菜烧饭，味道比他妈妈烧的还合我的口味，只是动作稍微慢一点。总之，表现不错，非常感谢杨老师的良苦用心，谢谢！

2. 杨老师：您好！非常感谢您让我们第一次吃到了儿子亲手为我们做的饭菜。在您的影响下，我们性格内向的儿子与我们之间的沟通增加了，交流也多了。作为益波的家长，我们衷心地向您表示感谢。

3. 杨老师：您好！早上小峰和他爸爸一起去买菜，回来慢慢地洗、细细地切、精心地煮。虽然需要我们耐心指导，但我们依然很高兴。当然，我们以后要更加注意培养他怎样学会自立、多关心身边的亲人。谢谢杨老师给他这次锻炼的机会。

4. 杨老师：你好！托你的福，今天我吃了儿子给我做的午饭，真是难能可贵啊！儿子平时不做家务，我就是担心他不会做，所以不让他动手，今天一露手还不错。就说说烧胡萝卜吧。我是烧得差不多的时候放点水，他呢一直炒透炒熟才放，所以炒出来更香。他爸爸和妹妹更夸他做的比我做的好吃。我希望老师经常布置这样的作业，好让我跟儿子"联络联络感情"。谢谢了！

5. 杨老师：你好！儿子今天一早就起来，说他不吃早饭了，要去买菜和中饭一起吃。我给了他40元，回来后鱼也不会洗，花菜也不会切，番茄也不会弄。我在旁边指导他洗和烧，过程虽然艰难，总体而言，三菜一汤还可以。有收获，谢谢！

6. 杨老师：你好！我是郑林峰的姐姐，今天中午吃到了第一顿完完全全由弟弟掌勺的午餐，突然发现这孩子长大了。看得出他确实用心在做，而且也还有一点基本功，大概得益于他平时偶尔会给我这个姐姐做个蛋炒饭。很开心班级里会有这么有意义的课后活动，我相信是教育的进步，也感受到了老师的用心。相信在这样的环境下学习，弟弟会学到更多。谢谢您。

年轻的学生羞于表达，没有合适的平台，学生鲜有主动表达的。鉴于此，就要创设机会，引导学生付诸行动。只要学生有所行动，有一些爱的表达，哪怕行为是稚嫩的，甚至是错误百出的，家长也能从中知道孩子的那份心情，往往会用欣赏的眼光看待。

从家长的反馈来看，这顿饭不管烧得成功还是失败，字里行间流露出来的都是幸福和感动。

我定期布置班级的家庭作业，引导学生去做本该做却被忽视的事：给父母盛一碗饭、给父母倒一杯水、给父母捶一次背、和父母谈一次心、看望一次爷爷奶奶、到邻居家串一次门，让他们体验幸福，感受温馨。这些互动过程，能形成良好的家庭氛围，为亲子沟通、深度交流奠定基础。

二、书家谱、写家史

了解家族历史，心怀感恩之心，带着一颗爱心走出校园，这是我们学校的宗旨，也是教育的追求。我们希望学生采访父母长辈，谱写自己以上至少四代的家谱，深入了解家族历史和兴衰荣辱。

这是学校的传统项目，非常好的一个活动。下面以刘弋榕的家谱为例。

家谱

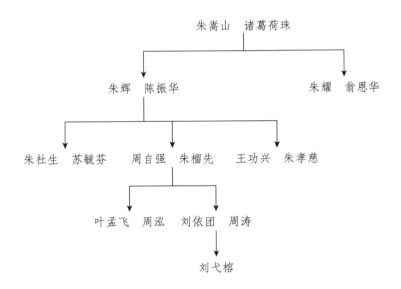

高外祖父：朱嵩山

出生于 1880 年，故于 1936 年，籍贯浙江仙居。

贡献：创办了朱同裕品牌，开办了两个油厂，经销南北货，还开设布店、米店、四个钱庄，后店铺开办到兰溪、龙游、衢州、梅城，并出口桐油到国外，1915 年参加巴拿马国际博览会获奖。

高外祖母：诸葛荷珠

生平不详，为诸葛亮后代。

曾外祖父：朱辉

出生于 1917 年 11 月，籍贯浙江建德，毕业于上海财经大学，在嵩山中学教学，后又到杭州革命大学就学，毕业后分配到浙江供销合作总社工作，于 1951 年 12 月病故。

贡献：与兄弟一起创办了寿昌县私立嵩山初级中学。

曾外祖母：陈振华

出生于 1924 年 8 月，籍贯浙江建德，毕业于建德师范学院，小学教师，曾在紫阳小学教学，1980 年退休。

外公：周自强

出生于 1940 年 12 月，籍贯浙江嘉善，毕业于浙江师范大学，上山下乡到杭州药物种植厂，后到杭州市第二医院任职，现退休。

外婆：朱榴先

出生于 1945 年 6 月，籍贯浙江建德，毕业于浙江师范大学专科，上山下乡到杭州药物种植厂，后到职业病防治院任职，现退休。

……

父亲：刘依团

出生于 1962 年 4 月，籍贯湖南嘉禾，毕业于重庆大学，现任职于浙江创联。

母亲：周涛

出生于 1970 年 1 月，籍贯浙江嘉善，毕业于浙江大学，现任职于中国新型建材设计研究院。

在谱写家谱过程中，学生一定会对家族历史有更充分的了解，这深化了和家族的感情，收获了家族自豪感。刘弋榕同学在校期间，态度端正，学风严谨，最终以高分考取了心仪的重点大学。我想，这与家学渊源的影响是分不开的。

当然，更多的家族，平凡而普通，但在一代代的传承中，依然积淀了某种令人动容的情感和精神。"你爱你的亲人吗？如果回顾一下自己的成长经历，就会发现，在你的成长过程中，你的父母亲、爷爷奶奶、外公外婆为你付出了太多太多，你和他们之间有许多让你记忆犹新不得不说的往事。"我引导学生重温亲情时刻，叙述那些感人至深的往事，充分表达对亲人关爱的深深感谢。

姥姥常说，自己是大老粗，只上到高小就没再上学，所以特别敬佩读书人。她对每个孩子的教育、培养都十分重视，对我当然也不例外。每当我做作业时，她总会坐在旁边，读读杂志、看看报纸，时不时地会端杯不热不冷的水让我喝。我跟她说不用的，渴了我自己会去喝的，她总说："我什么也帮不了你，就想让你在学习的时候别缺了水。"每次，我都会一边喝水一边暗下决心，一定要好好学习。

姥姥还特别简朴，这也许是她们那个年代人的特征。有一次，我去姥姥家做作业，她从抽屉里拿出一叠纸，说这是她每次开药留下的单子，她看纸还挺好的，背面还可以当草稿纸用，扔了怪可惜的，于是便收集起来，等我来了给我当草稿纸用。

这就是我最爱的姥姥。每次都说自己老了，却仍喜欢到处走走，看看外面的世界，领略一下外面的风景。每次都说自己跟不上时代了，却仍然喜欢跟人视频聊天，并乐此不疲地上网搓搓麻将，打打网络小游戏。她总是生活在快乐、满足、幸福中，她总在我生活的点滴之处闪光。

岁月在她曾经年轻的脸上画上了一笔笔的皱纹，但她依然开心、愉快地过着每一天，爱着她的每一个孩子。真希望时间可以永远定格，岁月静好。

在《且行且珍惜》中，学生这样回忆自己的姥姥。我相信，字里行间涌动着的对姥姥的怀念，一定会让很多人产生深深共鸣。

在书家谱、写家史活动中，学生花时间去了解自己家族的发展情况、历史变迁，这个过程就是很好的学习。知道自己家曾经的辉煌失落，从中找到家族变迁的特征，可以激发学生重回辉煌的斗志。如果家族一直比较普通，没有了不起的业绩，也没有出现伟大人物，借此机会，可以告诉他，你是家族的希望，寄托着家族美好的期待。

三、走进父母职业现场

家长生养孩子十多年，孩子基本知道父母从事什么工作，但从和学生交往的情况来看，深度了解父母工作的不多，深刻体会父母工作辛酸苦楚的更是少数。鉴于此，我们开展走进父母职业现场的活动，用一天时间，在条件允许的情况下，参观家长工作地点，以志愿者服务活动的方式，陪伴父母工作一天。

有个孩子的母亲是超市售货员，体验一天之后，她写下了这段文字。

> 很辛苦，一天下来完全没有休息时间，不断地整理补货，身上的汗水真的是像雨一样下。之前，一直以为超市的工作很轻松，还一直纳闷 10 点结束营业，为什么妈妈会经常到夜里两三点才回来（夜晚的整理时间完全不比白天轻松）。现在是真理解了。其实，现在安稳的生活来之不易。我们往往肆无忌惮地享受这似乎理所当然的一切，偶尔的"瑕疵"更成了我们发泄的"窗口"。其实，我们的确应该偶尔换一种生活。不用刻意，只要多一点留意。

一个孩子的母亲是工厂车工，在参观了母亲的工作环境，了解了车间工作流程后，他写下了以下文字。

> 母亲的工作很辛苦，也有一定的危险性，很容易烫伤。炎炎夏日里，虽然有空调，但车间里还是很热；车间不通风，有一股刺鼻的味道。工作较为枯燥，又需要集中注意力，不管是对身体还是对精神都有较高要求。工作时间较长，还要加班赶工。整个工厂的工人很多，每个人都很忙碌，都在埋头工作——都是为了让孩子过上更好的生活。工作之余，大家只能在桌子上趴一会儿，以减少一点疲惫。中午，因为食堂较小，工人分两批就餐。虽然饭餐不怎么美味，但每个人都吃得津津有味。母亲工作很辛苦，我以后要让她少

为我操心。

有一个孩子的父亲是地铁工作人员，一天的体验之后，他深情地写下了这样的文字。

> 刚进地铁，是否会有一种神秘感？
> 它美观、精致，令我感到震撼，它就像杭州城的大小血管，是杭州交通的重要组成部分。虽然乘过很多次地铁，我却仍不禁赞叹不已。
> 我赞叹它美丽的外观，更赞叹它为我们的生活做出的巨大贡献，最赞叹的是地铁工作者的汗水与辛劳。
> 父亲是地铁建设的一名管理者，承担着不小责任。只要施工现场有一点小事故，他总会在第一时间赶过去，甚至一整天我都见不到父亲的身影，即使回家休息片刻，他也总是寝食不安。
> 为父亲担心，也为父亲骄傲。

经过一天的体验，对父亲的工作有了全新理解，女儿作为父亲小棉袄的形象，也是跃然纸上，令人感动。

也有的同学，感动于医生父亲的工作态度，并引发了自己对未来职业的思考，表达了继承父亲衣钵的决心。

> 无论从事什么事业，只要为社会做出贡献，不管职位高低，都是值得尊敬和学习的。
> 一直以来，我对医生这个行业抱有很大兴趣。小时候身体不好，三天两头跑医院。我虽然害怕穿白大褂的医生，但我也一直崇拜着他们。哪怕是深夜只要病人需要，他们便不能安寝，并不是因为所谓的义务逼迫，而是责任心驱使。
> 父亲是我的好榜样，透过他对工作认真负责的态度，我认识到

了许多，努力学习便是学生的责任。作为一枚学生党，我应该对学习抱有积极认真的态度。未来难以预料，但我相信渐渐步入社会的我，会传承父亲热爱工作的思想与责任心，继续默默地发扬真善美。

事实证明，工作辛苦，金钱来之不易，不是嘴巴上说出来的，而是体验出来的。责任与敬业，也不是通过口头传扬的，是言传身教的结果。

四、自家孩子自家夸

家庭教育中存在一个普遍现象：家长对孩子的期望值比较高，望子成龙、望女成凤的心情比较迫切，总是看到孩子身上的不足，对他们身上可贵的优点视而不见。这种现象的存在，无助于孩子的心理健康，消解了孩子学习的积极性，不利于孩子成长。

"好孩子是夸出来的"，发现孩子的优点并固化，是家长的职责与使命。即使步入高中，慢慢走向成熟，孩子仍然离不开家长的鼓励。如果家长能有意识地关注他们的变化，固化他们取得的进步，定能改善亲子关系，进一步促进家校沟通，给孩子的成长与进步注入持久动力。

周末是孩子们比较期待和向往的时间，两天时间可以给身心放个假，美美地睡个觉，看两集喜欢的电视剧，彻底释放学习的压力。但对很多孩子而言，周末也让他们焦虑头痛，父母的唠叨，对学习的深度关注，总是让他们心生厌烦——本是幸福满满、共享天伦的周末，结果却是或者硝烟弥漫，或者一片死寂。能不能有所作为，引导家长转移关注点，从而适度改变周末的家庭环境生态？

基于这样的考量，我推出"自家孩子自家夸"活动，寄希望通过收集孩子们的进步表现，优化亲子关系，宣传他们的事迹，树立典型榜样，营造更为浓厚的学习氛围。

此举得到了家长的支持，他们纷纷发来短信，肯定孩子的进步，表扬孩子的良好表现。有的回复，长达400多字，令人感动。

1. 杨老师：你好！本周女儿在家共买来 4 本复习书和 1 本小说。也许是受学校学习氛围的影响，放假 3 天，她有两天跑到工业大学图书馆去复习。对她的学习，我们很放心，只希望她能微笑着生活。

2. 杨老师：您好！首先，感谢您对学生们的关心和对孩子们的爱。你对孩子们的付出我们家长都看在眼里。我和老公前段时间去新疆做事，都不在家。最近几天，我小弟弟在杭州发生安全事故，我回来帮忙处理。正好碰到我女儿放假，所以才有点时间与她聊天。在聊天的过程中，她谈到了您对她的解读是"心思纯净"。其实，老师您只是解读了一半。据我对女儿的了解，还有另外一半是她悟性不错，上课时特别专心，但就是不够勤奋。如果她在平时能再勤奋、刻苦一点就更好了，或许进入全年级前 5 名都不成问题。希望能得到您的鼓励！谢谢！

3. 杨老师：你好！正如你说的学习紧迫，我儿子戴 ×× 在家这三天到新华书店买了学习资料和用具，还理了发，其余时间都在做作业。我问他要不要跟伙伴去玩，他说不玩了，要抓紧学习。我听了真的很高兴，但愿他能考上他理想的大学。

4. 杨老师：你好！女儿程 ×× 在家三天，我发现了她的一些变化。一是按照计划学习，原先制订计划后，执行力不高，现在基本上能按照制定的学习方案进行，效率提高了。二是能主动查找一些好的学习方法和课外辅导用书。三是能自觉抵制电视和电脑的诱惑，在需要用电脑的时候才开机。

5. 杨老师：你好！或许是我始终以挑剔的眼光在看女儿，以致没发现她的进步。今天早上，在她房间书桌上看到了她自我激励的话，我知道她其实也在努力，我该认真反思一下了。

"自家孩子自家夸"活动的开展，使家长观察的视角发生了改变，能有意识去发现孩子的好，多去关注孩子的进步。在此过程当中，有的家长意识到自身存在的问题，开始进行自我反思，检讨之前自己做法上的不妥之处，取得了特别好的效果。

五、惊喜躲不开

社会的发展，也带动了家长成长。当下的家长，其见识、能力远超过去的家长，对学生的关注也不再单一。特别是高一新生的家长，对学生在校期间的衣食住行，身体、心理，无一不关注。他们的关注，可以让学生感受到来自家长们的关爱，学生在某些时间点上，对家长的关注也是有所期待的。我们如果能将这些零散的、一对一的、处于自发状态的关爱汇聚起来，把"1"放大几十倍，洒向班级里的每位学生，一份预期中的喜悦就能转变成意料外的惊喜。当然，家长是需要组织、引导的，如何适时、有效地传达关爱，让学生感动于来自家长的"惊喜"，感受大家庭的温暖，还需要老师合理规划、适当点拨，点燃家长的热情，"设置"惊喜。

临近年末，节日较多，圣诞、元旦接踵而至，学生关注自不必说，连家长们都在讨论给孩子送什么圣诞或新年礼物。加上经过一个学期的努力，同学们各方面都取得不小进步，给他们一份欢乐作为后续的动力，也是非常需要的。

于是，我在家长群里向家长们建议给学生集体过节，一为过节二为鼓励。至于采用集体过节的形式，一则避免攀比，二则彰显集体的团结和温暖。家长们展开了热烈的讨论。

骋爸爸：我觉得定在周四平安夜不错。

赵妈妈：我可以做提拉米苏。（发来图片）

王妈妈：漂亮，赵妈是巧手媳妇。

吴妈妈：做提拉米苏，我家里还有材料，可可粉、糖粉家里也还有。

毛妈妈：真漂亮，赵妈，你自己做的？

赵妈妈：是的。

沈爸爸：赞一个。

杨老师：圣诞我们过得少，传统节日过得多。

毛妈妈：那要不这样，圣诞节孩子们还是想过的，就弄点吃的东西，等过元旦时再来点儿。

毛妈妈：赵妈，做这个你需要多长时间，如果多的话，我们一起来帮忙。

杨老师：孩子是同学，家长是朋友，大家聚在一起，挺好。

赵妈妈：今天刚去买了材料，我去数一下纸杯够不够一个班的。

毛妈妈：赵妈，要不明晚去你家跟你一起做，找几个妈妈一起啊。还需要买什么，我们一起去准备。

赵妈妈：缺的材料，我会准备起来，明天联系。

毛妈妈：好的。

沈爸爸：毛妈，你准备偷技术啊？

毛妈妈：沈爸爸，你太了解我啦。过圣诞，总要有点惊喜，火鸡就归爸爸们准备了。

吴妈妈：赵妈，可可粉我有很多，就不用买了。

赵妈妈：好的，不够我呼你。

毛妈妈：初步这样安排：后天晚上，我和赵妈、吴妈负责把蛋糕送到学校。此外，给每个孩子发个苹果，到时我带去。

沈爸爸：毛妈，以烤鸡代替行不？如果可以，我去买吴山烤鸡。

毛妈妈：沈爸，烤鸡看情况，如果方便就带两只，不方便也没关系的。

赵妈妈：我们要多做几个，让老师们也尝尝。

毛妈妈：期待，都想吃了。

史妈妈：你们辛苦了，需要帮忙的话就呼一声！

毛妈妈：史妈，你家远些，我们家近的送过去。

施妈妈：大家谈论得热火朝天，我昨天都没参与，不好意思，有事说话啊！

　　史妈妈：好的，那就辛苦你们几位了！

　　姚妈妈：不好意思，才上线看到，有什么我可以帮忙的？

　　裴妈妈：呵呵，我也刚看到，有什么事可以效劳的呼我哦。

　　王妈妈：大家都好有心啊，我在等待毛妈吩咐。

　　毛妈妈：妈妈们别急，后面还有很多活动，我们一起加油。

　　王妈妈：哈哈，下次我们家长聚会，可以享口福啰。

　　为了确保是份有意义的惊喜，我和家长们商讨了时间、地点、环节，还特别邀请一位家长作为代表向学生说说心里话。

　　一切如期进行。在周四最后一节晚自修的最后 10 分钟，我带着手捧蛋糕和苹果的家长走进教室，送去了家长们精心制作的"惊喜"。

　　在欢乐的气氛中，家长代表发了言。

　　我是毛妈妈，很多家长也想来看大家，因为种种原因和限制，不能到场，受家长们委托，让我作为代表说几句。从杨老师的反馈得知，不论是学习还是生活，你们都取得了长足的进步，作为父母的我们由衷地感到欣慰。一路上，你们不断地克服困难，不断地超越自我，那些经历过的点点滴滴都珍藏在爸妈和老师的心底。在新年到来之际，我们几位家长代表你们的父母，把最美好的祝福送给你们。希望在新的一年里，你们继续保持良好的状态，齐心协力、和睦友爱，共同进步，为梦想加油！同时，你们也一定要记住，今后不管发生什么事，你们的父母和老师一定会坚守在你们的身边，陪伴和温暖着你们，永远不离不弃！

　　学生们一边吃着美味的蛋糕，一边听着家长的真诚祝福。这样的"惊喜"，这样的亲子互动，这样的其乐融融，是不是孩子成长的强大动力？请看孩子们的反馈。

女儿刚打电话，说好好吃，好感动，感谢杨老师和家委会这么棒的心意和辛苦。祝福你们平安、快乐！（高爸爸）

　　谢谢赵妈辛苦，让孩子们感到温暖、幸福。儿子刚才打电话给我说他今天好激动，有苹果吃，有蛋糕吃。真的非常感谢几位家长的爱心礼物。（邵妈妈）

　　有第一次的惊喜放送，后面定会有更多的惊喜。重大节日、集体过生日、重要的时间节点，都可以成为家长送出惊喜的契机。

　　这样的惊喜是一种力量。透过惊喜，学生能捕捉到家长的关心与关切，能感受到集体释放的热力，比起单个家长单打独斗式的开导、教育、唠叨，影响更为深刻、长远。

　　很多老师会抱怨，家长素质不高、水平不高，很多活动很难开展。不得不承认，家长之间是有差异的，层次也是有区别的，但我更想说，搭建平台，营造氛围，激活家长，或许不能做到尽善尽美，至少能够挖掘家长的潜能，使他们为班级的发展贡献力量。

六、家长讲坛

　　人的成长过程就是不断继承前辈经验进行自我提升的过程；人成长的速度与达到的高度，取决于其吸纳资源的质量以及丰富程度。在校学生因时空限制，往往眼光狭窄，需要我们为其打开视野，拓宽思维。

　　学生活动，绝大部分老师只是把目光投向学校和学生，其实我们还有一个很宝贵的资源库——家长。作为学生成长的抚育者和陪同者，家长完全有资格参与学生活动；同时，家长又有多年的社会奋斗经验和人脉资源，蕴含着丰富的教育资源，完全可以让学生从家长的资源库中获得成长的经验和财富。更重要的是，搭建平台让家长群体和学生群体互动，能加深彼此的了解与互信。那么，如何有效运用家长资源，拓宽学生活动、提升活动的意义呢？

只有精神的成长，才有学业的成长，在与家长充分接触与了解的基础上，我们班精心策划了"家长讲坛"，让家长的力量进入课堂，用别样的方式开展教育。家长可以自己讲，也可以请朋友来讲。总之，把家长纳入班级的活动安排，让孩子了解家长，接触社会。

以高一（9）为例，一年来，一个个家长走进班级，面对面和学生对话。旅美博士、纳思教育执行校长李育新老师，主讲《开发学习潜能》；优秀学生小黄的家长军人出身，做事严谨，社会阅历丰富，主讲《努力提升自己的综合素质》；小周的家长是社区领导，经常接触大学毕业生，对大学生就业有深刻的认识，主讲《论大学生就业》；小吴的家长是心理医生，主讲《青春期性教育》；小许的家长是服装设计师，为很多名人定制衣服，主讲《生活美学》；小姚的家长是网吧吧主，对网络及年轻人上网的现状有充分了解，主讲《学习与网络》。

家长踊跃参加，点燃了更多家长的热情，来清钰家长联系了浙江省工商联的郑明治会长。郑会长对"浙商精神"有着深入研究。他主讲的《学浙商精神，做一代新人》，给学生们留下了特别深刻的印象。

郑会长发言分三部分：一是浙江省省情，二是"浙商"精神，三是做一代新人。发言相当精彩，有学生说："发言如果用两个字概括：精彩；三个字：很精彩；四个字：太精彩了。"

一年下来，每次家长讲坛，我们都拍下视频，整理出文字稿，让学生和家长共享。这么宝贵的资源，是需要我们不断回味，不断从中吸取成长营养的。这样的分享，在强化和巩固学生教育效果时，也拓宽了家长的视野，有效推进家庭教育，使之成为学校教育的强有力的助推剂。

《学浙商精神，做一代新人》《学习潜能开发》《青春期性教育》《论大学生就业》《学习与网络》等课程，开阔了学生的视野，提高了学生的认知水平，激励了学生的精神成长，也改变了家长的形象，提高了家长在孩子心中的地位，在一定程度上改善了亲子关系。

第二节 ▶ 实践活动：让学生在成事中成人

教育是培养人的过程，追求的是人的发展与成长。如今，在激烈的高考竞争面前，教育被异化为分数的提高、简化为知识的传授，学生被培养成生产分数的机器，其生活能力、交往能力、解决问题的能力、面对挫折的应变能力被弱化。十几年来，我注重将学生个人的成长和学业的成长共同纳入班集体建设中。在我的方寸之地，大胆尝试，摸索着育人的新路子。

高二时，同学之间彼此比较熟悉，个人能力也有较大长进，这为他们参与社会实践活动提供了条件。同时，进入高二后，学生明确了自己的文、理方向，所学科目少了一些，可以自由支配的时间多了一些，这为他们参与社会实践活动提供了便利。

一、访名校友，汲取成长力量

常有这样的经历，问学生："今后，你打算干什么？从事什么职业？"学生往往一脸迷茫，忧郁地说"不知道"，然后说："管他呢，先把当下的事做好再说，等高考完了再说。"

因为没有方向，也没有自己喜欢的选择，最终付出惨痛代价的例子不胜枚举。

为此，学校开设"走访毕业学生"活动，让学生在了解自己兴趣、特长的基础上，借助走访已经毕业的学生，开展调查研究活动，引导学生进行初步的自我定位，规划自己的高中生活，增强发展的目的性与计划性，发掘自我潜能，为今后的职业规划、人生选择奠定基础。

为便利走访工作的开展，让活动规范有序，学校设计了活动样表，引导学生开展相关工作，并做好相应记录。

"走近职场，美丽人生"生涯规划活动记载表

高一（　　）班　　姓名＿＿＿＿＿＿＿＿

采访对象的基本情况（采访前完成）					
姓名	陶××	性别	女	年龄	26
现就读大学或工作单位	中公教育				
采访后的心得体会（采访后完成）					
被采访者成功因素	1. 人一生都在寻寻觅觅、奔奔波波，为的就是寻找自己满意的职业，工资并没有想象中的那么重要。对于职业，人一生会有很多跨领域的转变，这可能会成为一个转折点，因为这会使人们找到真正适合自己的工作，也能拓宽眼界。但事物的两面性使然，跨领域改行让人们不得不放弃之前大部分知识、大部分成就，去接触一个"不知深浅的、未知的世界"。所以，我们最好做到一开始就选对职业，少走弯路。 2. 梦想和现实的差距很大，有时会发现，"梦想"只是一种盲目的憧憬，只有自己一步一步摸索、探寻出来的未来职业才是最现实、最适合的，因此不可过于浮躁。 3. 成功并不会降临在"空手套白狼"的人身上。当确定好职业后，就要踏踏实实努力。这个努力或许不是起早贪黑、劳神费心地拼命工作，而是全心全力地走好每一步、做好每一件小事，把细节处理得近乎无可挑剔。这样稳扎稳打才是成功的正途。 4. 职业是性格的另一种体现，按照性格选择职业很重要。兴趣也是不可否认的另一种方面，只是所占的比重相对要小一些。我们要对自己的工作有一种发自内心的热爱与热忱，这样				

	才能更好地发挥自己的才干。要认清自己对这个职业是"充满兴趣"还是"满怀热情"。
本人今后的努力方向	我和她的专业选择或许会大相径庭，但术业有专攻，成功的方法和因素总是在不经意间不谋而合。我以后想成为一名心理咨询师，不仅可以帮助别人排忧解难，还可以使自己更容易地处理社会问题。为了成为一名优秀并有信服力的心理咨询师，我会在尽自己所能考取职业证书的同时，多学习一些权威专家的咨询方法，提升自己的能力。在咨询时，我会善于倾听求助者的苦恼，给予他们有用的建议和慰藉，让他们有被尊重和被接纳的感觉，遵守作为心理咨询师的职业道德。作为一个心理医生，我或许会了解过多社会的阴暗面，但我觉得，只要不把工作的事带到生活中，我依然可以不受影响地工作。
本人及采访对象的照片（略）	

这是一个很好的引导学生思考生涯规划的活动，我把它作为班级的重点工作来抓。

二、进大课堂，磨炼坚韧意志

2001 年，以"关注百姓困难，倡导刻苦精神，完善健美人格，体现教育公平"为追求，我校在浙江省首创了宏志班。宏志生虽然家境贫寒，却品学兼优。学习宏志精神，激励自我成长，成为很多同龄高中生的共同愿望。

学校也因此而开设了宏志生与非宏志生共同学习的"宏志精神实践班"。但我们发现，在大多数学生和家长心目中，宏志生就是贫困生，他们激动于宏志毕业生重点大学的高比例，感动于宏志生勤奋刻苦的学习状态，但对宏志生的羡慕和模仿，只是停留在表面的照搬、照抄。

宏志精神的内核究竟是什么？宏志精神的生发之源在哪里？只有走进

他们的生活，才会有切身的体会。因此，我校以"培育宏志精神，提升教育品质，促进城乡和谐"为追求，充分利用宏志班这一学校特有的资源和平台，推出"携手同龄宏志生，走进农村大课堂——共创宏志精神社会实践活动"。

活动的目的是希望这些没有农村生活背景的学生利用假期时间，走出水泥丛林，走出单一的城市生活方式，走进山村，走进田野，亲近大自然，实实在在地触摸农村，尝试不同种类的农业劳动，体会农民的辛苦与不易，更深刻地理解宏志生勤奋刻苦的精神，从而拓宽孩子的视野，丰富学生的阅历，激发学生的求知欲，培养孩子的同情心。

活动计划与内容安排如下。

日 期	活动安排	备 注
第 1 天	出发仪式，乘坐公共交通到达目的地	通过交通、住宿等体验、适应，休整
第 2 天	拜访邻里、介绍同学	实践活动的人际铺垫，如开展支教活动的宣传、拜访并了解将要服务的孤寡老人实际家境等
第 3 天	农家一日农活体验	早上起来生火、做早饭、洗碗、洗衣服、买菜、搞卫生、做午饭（每个人都烧一个自己拿手的菜）等
第 4 天	农家一日农活体验	如整理菜园（除草、浇水）、采摘果蔬等，要防范中暑，注意安全
第 5 天	当地名胜考察	注意安全，同时建议参观宏志生母校（小学、初中）、了解当地教学条件的现状和变化
第 6 天	宏志精神（社区服务）实践	建议白天进行实践活动，在此期间同时开展支教活动（如对村里的小孩进行英语辅导等），支教活动持续 5 天左右

日期	活动安排	备注
第7天	"三农问题"调研	以小组为单位，调查当地农村留守儿童、环境污染、医疗保障、老年生活等现状，借此机会完成下学期的研究性小论文
第8天	学习交流和活动总结	补充完善宏志实践日志手册，撰写活动总结，调查小论文完稿情况，整理电子日志等（在《宏志精神与我》《"三农问题"与我》《和谐社会与我》等系列主题中选择一个写出生活体会与考察报告）
第9天	返程	完成材料整理

利用学校宏志生资源，发动学生参与农村实践活动，让城市的学生走进农村，到家境贫寒的学生家中体验生活，务农、支教、调查，为期10天，返校后以图文展示和做报告的形式进行反馈与交流。

这是一项非常有意义的活动，但在执行时，受到较多现实因素的影响。比如，乡下的家长都比较淳朴，对城里来参加实践的学生，往往比较客气，而城里的孩子因为缺少具体的指导和督促，会不自觉地降低自我要求。这样一来，很容易把好好的活动变成走过场，演化成观光旅游。

为避免类似情况，把实践活动真正落到实处，在学校要求的基础上，我从三个方面做了调整。第一，方案细化。要求学生结合学校的活动安排，拟定出符合当地情况的实践方案，经我审核通过。第二，明确要求。联系实践基地的家长，阐明实践的目的和意义，叮嘱家长一定不要把学生当客人，要让他们体验原生态的生活。第三，每日汇报。要求学生每天给老师汇报实践情况，明确后续的实践要求，发现问题及时整改。

娜娜去了燕子家。娜娜每天都用细腻的文字记录了在农村的学习与实践，选择几则日记分享如下。

7月5日　晴

从汽车西站前往燕子家的征程，虽然没有父母在身边，但我却一点也不感到恐惧。大巴开到临安后，还要坐一辆小型中巴车才可到燕子家。途中有不少需要上车和下车的乘客。司机总是很耐心地等大家都落座后才重新发动，让我在这陌生的地域感到难得的体贴和温暖。

果真是山路十八弯啊，平时习惯于宽敞、平坦的水泥大马路，到这里几乎没有哪一段路是直的，还真有些不舒坦。下车后只觉得眼冒金星，提着行李"连滚带爬"来到燕子家。燕子的妈妈很热情地招待我们喝茶、喝饮料。休息片刻后，在燕子的带领下，我们去村中走了走，算是熟悉一下环境。白天的农村不像城市里，没有汽车轮胎奔跑的声音、机器的轰鸣声、人们的谈笑声。这里安静得吓人，除了微风拂过成片碧绿的水稻发出哗啦啦的私语声外，就再没有其他"不和谐"的音符了，因为大人都到城里去工作了，在家的老人也都出去种田了。临安的民居带着典型的江南水乡的韵味，白墙黑瓦，墙上贴着古色古香的门联。我还发现，凡是建在小溪旁的房屋，门前都会造一堵白墙。听说这意味着财气不像流水一样从门前溜走哦，真是有趣。

7月6日　阴

今天天气不错，阴，气温也正好。今早起床后，和燕子一起剪了毛豆。这是我第一次见完整的毛豆呢。小小的一株果实，是庄稼人一个春天的期望。虽然剪的时候有虫子不停地飞来飞去，但昨天一天下来，我已习惯了些许。燕子告诉我，从一颗小小的毛豆种子，经过除草、施肥，需要几个月的精心照顾，才能结出一小碗果实。那句古诗"谁知盘中餐，粒粒皆辛苦"，到现在我才体会到其中的真切情感。

午饭后，我们一起去溪边淘贝壳。我们赤脚站在小溪中间，用筛子淘一把溪边的泥土，再浸到水里抖两下，过滤掉沙土，就只剩下光秃秃的贝壳了。唯一不足的是野生的贝壳太小了，不过晚饭时来一碗鲜美的野生贝壳汤也是不错的选择。

我和燕子主动承包了屋后菜地的除草工作。除草，听起来很简单，可是就连拿把锄头也是一个很费劲的活儿。燕子给我拿了把最小的锄头。看着长到膝盖那么高的野草，还真有点不知道该怎么下手除掉它们。"乱砍"了十几分钟后，汗水便顺着脸颊流下。劳作的确是一件很不容易的事啊！但对我来说，这是一次珍贵的体验，劳动着，学习着，并快乐着。

7月9日　晴

这次农村之行的任务之一就是学会做饭。没有煤气灶，用的是比较原始的灶。生火也不是一项简单的工作。首先，要用晒干的竹子升起火苗。竹子要挑有裂缝的那种，完整的竹子经过加热，其中的空气会受热膨胀，在烧饭的时候你就会听到"嘭"的爆炸声。我想这就是"爆竹"的起源吧。等火旺了之后，再慢慢加柴。这就算一次成功的烧火啦。

由于没什么烧菜的经验，于是我负责洗菜、切菜，燕子则掌厨，我在旁边看着学习。燕子一人掌控一只比人还要大的锅竟是游刃有余，真是让人好生羡慕。在这里，我吃到了不是用电饭煲烧出来的饭，而是"焖焖"的饭。其实，就是烧焦的锅巴和着米饭，但味道确实很赞。自家产的大米很香、很松软，吃着很放心。

7月10日　晴

我们走访了燕子就读过的小学和初中。这里的小学和幼儿园是连在一起的，就隔了一道围墙。一进大门，就可以看见幼儿园。幼儿园占地面积很小，孩子的娱乐设施也就只有一处，不像城市里的，教室里没有空调也没有钢琴。我们大多数都没见过煤渣铺成的跑道，这里小学的操场只是用沙子铺盖而成。没有橡胶跑道，没有绿茵茵的足球场，甚至在操场上走几步路沙子就会进入鞋子里。与在这里上学的孩子相比，我们的条件真的是不知道要好了几倍。

燕子的初中在临安的一个小镇上，相比之下，无论是教学楼、宿舍还是运动场都要好很多。我们去的时候教学楼正在翻新。燕子说操场也重修过了。在校园里漫步，几十分钟也看不完整个学校，有种赏心悦目的感觉。可见农村的教育状况是在逐渐好转，社会也越来越重视教育。

我们要求学生清晰认识自己的行为标准，每天的行程安排要紧凑、充实。学生手握锄头，脚踏田地，真切感知农家生活，艰辛而快乐。每天的情况反馈，鲜活的照片，生动的日记，一应俱全，"走进农村大课堂"成为班级活动的靓丽风景。

三、享游学课，体验生命的多彩

高中学习负担重，满眼望去，都是埋头苦读的身影，本是最有青春活力的，却整天一副老成的样子。让他们变得神采更奕奕，笑容更灿烂，回归自然是最好的选择。在经学校和家长同意后，在确保安全的前提下，每一届，我都组织一次外出巡游之旅。下面以游农夫乐园为例。

活动：游良渚农夫乐园。

目的：丰富生活体验，增进同学感情，提高解决问题的能力，提升班级凝聚力，打造最具幸福感的班级。

时间：10月5日至10月6日。

出行方式：乘公交车，不许打的，不许家长接送。

原则：自愿参加，费用自理，安全责任自负。

安排：10月5日中午11:30，在良渚的农夫乐园门口集合，集体入园，下午观看园内演出，晚上烧烤、举行篝火晚会、宿营；6日返回，具体时间视具体情况而定。

费用：路费＋门票（35元）＋篝火＋帐篷＋其他＝100元／人。

人数：初步统计40人左右。

官网：http://www.zjnby.com/

说明：①班主任应邀参加，园区内全程陪同。

②参与人员自我照顾，班干部进行管理，细则待定。

③园区消费费用较高，请带足各类食物，以备分享。

④理清出行细节，并向家长陈述，请家长给予指导。

⑤要求家长回复短信对孩子出游进行确认，承担安全责任。

活动方案制定，各项内容落实，都由学生完成。这样一次学生主管并参与的活动，给学生留下了深刻印象，他们用照片和文字记录了这次美妙的旅程。

有学生用独特的角度再现活动场景。

噢——哇——哇噢……（再现月亮船现场）

10秒——26秒——33秒……（再现斗牛现场）

放豆——倒水——转起来……（再现豆腐坊现场）

得嘞——得嘞——得嘞……（再现骑马现场）

射——集中火力——不要留情……（再现水战现场）

来——干——干了……（再现聚餐现场）

南哥——南哥——南哥……（再现篝火晚会现场）

冷——好冷——怎么这么冷啊……（再现宿营现场）

看——快看——出来了……（再现看日出现场）

简直如闻其声，如见其景。

虽然时间较短，但带给学生们的体验却是深刻的。

良渚之旅（二）

10月5日，阳光明媚的上午，我们一起走进了良渚农夫乐园的大门。那时的我，不会想到，这次旅行，会给我什么样的快乐和美好回忆。

之前，从来不敢想，可以在外面过夜，和同学一起在一个帐篷里。

之前，从来不会想，在某个休息日，早早掀掉被窝，边颤抖着边等日出。

之前，从来不知道，原来，那轮火红的太阳，挂在小路的尽头，会有这样如诗如画的美丽。

之前，从来不知道，初秋的晚上，天气可以冷得像冬天一般，而露水可以如此湿重。

之前，从来不曾试过，围着篝火，即使不会跳舞，一圈圈地走，也能跳动人的华尔兹，站在篝火前，即使不会唱歌，让全班一起合唱，也可以呈现出动听的音乐。

之前，从来不曾想过，在高中能参加如此大规模的活动，人这么多，却可以玩得这么开心，回到家，倒头就睡。

……

而这些，我都会好好珍藏。

春游、秋游是很好的活动形式，但出于安全、经费等考虑，现在学校一般不再组织此类活动。就算组织，通常学校会包办一切，从做方案到招投标，到最后成行，更多出现的是老师的身影。我和学生合力排除万难，让春游、秋游活动照常进行，学生们得以享受宁波海边的烧烤，徜徉杭州秀美的公园，留连良渚的特色农庄……这些活动陶冶了性情，联络了感情；学会了策划与组织，培养了安全意识。

全程设计，统筹安排，关注细节，实现自我成长。这些年来，每一届，我都带学生到外面走走看看。这样做虽有一定风险，但跟学生零距离接触，让他们放下学业负担，真诚交往，确实起到了凝聚班级的作用，更重要的是学生有了难忘的体验。

四、谋入场式，点燃思维的火花

学校运动会，是一年一次的体育盛会。尽管每届学生都不一样，班级的特点、素养、能力也存在差异，但都对活动充满激情和向往。高中学习紧张，在学校允许的范围内，利用入场式的机会，让学生精心策划，学会团体合作，在碰撞中成长，在准备中提高，何乐而不为呢？最近8年，我所带的班级的运动会入场式有7年获得一等奖。获得优异的成绩，凝聚了班级，鼓舞了士气，自然不在话下。就算是失败，由于学生全程参与，也是收获多多。

以唯一没得一等奖的那次入场式为例。从成绩上来讲，没有成功，但在参与的过程中，学生获得了成长，懂得要做一件事不容易，要做成功一件事，更需要精心策划，精诚团结，关注细节。

在班会课上，我强调：运动会是属于四班每位同学的舞台，作为班级的一分子，理应在班级需要自己的时候，努力贡献力量。每位同学都要开动脑筋，思考运动会入场式方案，然后以寝室学习共同体为单位进行讨论、研究，投票选出寝室最佳方案，通过全班同学不断整合形成最终结果。

结果很重要，但过程更有意义。在每个阶段的讨论中，思维不断碰撞，新的思考方向不断开启。

在第一次初步方案的讨论中，学生如期给出了寝室内部协商后形成的方案；每个寝室选派代表上台，展示自己团队的方案；然后全班一起讨论各个方案的优劣，进行点评。

方案一：采用男女反串表演节目的方式吸引眼球，但在过去运动会入场式表演中，反串已多次出现，而且表演只是小部分同学参与，其他人干站着过于尴尬。

方案二：用双胞胎瞬间移动形成视觉冲击，但这种魔术表演想来简单，实际操作起来恐怕难度较大，无法做到同步，训练颇有难度。

方案三：借用学校的校徽和近五届的校服，表达一种传承的理念，这个创意不错，但需要强大的表现力来支撑。

方案四：将四班同学分割成若干小块进行表演，过于复杂，不具群体性，但方案中的部分道具，如口哨、快板等，可参考使用。

方案五：导演一出"长河梦想秀"，但通过语言来表现主题，在运动会入场式这样一种嘈杂的环境下似乎不可取。

方案六：在进场时给运动员加油，但具体要通过怎样的肢体动作来体现还有待落实。

方案七：改编学生最熟悉的广播操作为表演节目，但究竟如何改编又是一个问题。

方案八："杨家将"表演，让两队同学扮演士兵打仗，这需要同学们具有较强的想象和表演能力，操作起来颇有难度。

方案九：以今年较为流行的《小苹果》音乐作为表演伴奏音乐，但正因《小苹果》的流行，撞车现象恐怕会成为制约这个方案的瓶颈。

方案十：表演街舞，热辣的表演确实适合入场式热闹的气氛，但街舞的训练并非一朝一夕之功，而我们所剩时间不多。

……

短时间内，10多个方案，任何一个方案都无法获得较多赞成，无法择其一，那么怎么办？方案定不下来，人可以定下来的，从创意、表达、点评各环节，挑选准备相对充分、思维相对活跃且清晰的6名同学组成入场式方案决策团。第二天晚自修时，由这6名同学就各方案提出看法，力图达成最后整合。

首先，通过比较各方案的亮点，基本确定了"杨家将"与"魔术秀"这两个创意。

接着，细致讨论这两个方案的细节，选择其中一个作为主亮点。因为得知其他班已有古装 Cosplay（角色扮演），同学们放弃了"杨家将"表演，但保留了"杨家将"的旗帜。

然后，同学们朝着完善魔术的方向前进。这时又出现了两个问题。其一，表演魔术的两人长得一模一样，这样才能表现出"穿越空间"感，但远在主席台上的评委能在短时间内看出表演者是长得一模一样的双胞胎吗？其二，表演时，其余同学也必须有各自的动作，如此才能使现场不显得空，然而他们表演什么才能契合这个主题呢？还有，双胞胎创意去年已经用过了一次了，今年再用，会不会给人以炒冷饭之感？

经过多次讨论，有学生灵机一动，想到了"春晚"的节目《魔幻三兄弟》，如果在地上表演，一定是个与众不同的节目。其他班级全是站着表演的，"在地上表演"，有创意！又经过不断讨论，学生灵感爆发，提出了"接力滚"表演。马上有几个人到操场上试了试，效果很好。

最后，学生们一同商讨了队形、滚的方式，并给这个节目加上了一个意义："滚也要滚到高考！"言下之意，不论困难多大，我们都要实现目标。运动会入场式方案，到此成型，以"杨家将"阐明身份，以"滚"为核心内容，立志滚也要滚到高考，体现一种班级精神。

此方案汇集了全班同学的智慧，亮点多多，下面分点阐述。

亮点一：方式新颖。以往的运动会入场式，都是站着表演的。而这次学生以在地上滚的方式表演，新奇有趣。

亮点二：符合身份。杨老师带领的子弟们自然是"杨家将"，迎风飘扬的"杨家将"大旗表现了四班身份。

亮点三：经费便宜。同学们穿校服，只需购买白色 T 恤衫和旗帜，成本相对较低。

亮点四：充满惊喜。平淡无奇地进场，突然分组依次躺地、翻滚、起立，拉开校服拉链，露出白色 T 恤上大大的红字，不到最后一组亮相完毕，无人知道谜底。

亮点五：运动会入场式，是一场动作与声音交替的盛宴。当最后一组滚完，全班学生汇合成方队，露出整齐的一排字："滚也要滚到高考。"在统一的指令下，全体学生借用《诗经》重章复沓的方式，集体高喊口号三遍："滚也要滚到高考。"声音越吼越响，与众不同中更有深刻的意义。

这一次入场式的准备和表演，让学生获得了不少感悟。

> 从这次运动会中，我发现了团队合作的重要性与困难性。团队合作能发挥出个人难以达到的效果，但也容易出现问题。讨论时，我们都太执着于自己的创意，这本无可厚非，但为整体服务，我们必须舍弃自己的创意。当方案敲定的时候，我们以为万事大吉，却发现排练过程中问题也不少。
>
> 万幸，当一切结束时，我们都从挫折、教训中得到了成长，决策团的同学们也变得更加冷静、可靠。
>
> 对我自己来说，我发现自己缺乏自信，其实是害怕失败。在排练时，我早早就发现了决策中存在的问题。身为一班之长，我完全可以领导同学们，让决策团的决策更有效率。然而，因为对自己不自信，担心自己会搞砸，我并未对现场混乱的指挥情况做过多干涉，最终导致了排练效率降低。
>
> 今后我要做的就是相信自己，勇于去做第一人，不怕失败，敢于承担。

荣誉固然值得我们努力去追求，但我们更在乎的是，在这次运动会中，收获了什么、成长了多少。在我看来，本次入场式集全班学生之力，完成了一次完美的团队合作，践行了不断挑战自我、超越自我的理念。两天后的班会课上，庆功会如期举行。学生尽情地投入在游戏和零食中，玩得不亦乐乎，与入场式一等奖失之交臂的沮丧与不甘烟消云散。

五、编《扬翼报》，传扬班级文化

读书是学生的重大使命，但不是唯一使命。学习之余，要做点更有意义的事情。班级文化传承，需要见证，要留下证据。学生都喜欢电脑网络，有为数不少的家长为孩子痴迷、沉迷网络而焦虑。给学生布置明确的编报任务，电脑成了为其所用的工具，而不是使人沉迷的玩具。同时，编写《扬翼报》，与校报遥相呼应，不仅可以打造特色班级，还可弥补校报的某些空白。

[操作流程]

①班主任牵头提议，全班商议策划，确定人事任免及版块设计。

②前期收集材料，中期整理排版，后期印刷发放，各司其职。

③定期访谈读者，吸收意见，不断完善，精益求精。

[人事安排]

顾问：杨春林。接受同学的咨询。

主编：1 人。前期规划，统筹安排，确定版块，检查定稿，印刷发放。要求：有较好的文字功底。

美术编辑：1 人。配图配画，修饰美化。要求：有较好的美术功底。

电脑排版：1 人。排版制作。要求：有较好的电脑基础，有学习精神。

责任编辑：4 人。每人负责一个版面。征集版块文稿（图文），初步审核、筛选，对入选的文章进行修改，包括错别字、语病、标点符号等。要求：有较好的文字功底。

助理编辑：4 人，任务及要求同责任编辑。与责任编辑展开竞争，择优录用。

文字输入：5 人，其中设负责人一名，负责协调。负责将手写稿输入电脑，转换成电子稿。要求：打字速度快，周末留校者使用办公室电脑，回家者家里有电脑。

发展部门：4 人，其中设负责人一名，负责协调。负责将报纸分发到各处室、各班级。定期或不定期咨询、采访学校老师与同学，收集他们对班报的建议。要求：有责任心，善于与人沟通，工作耐心细致。

特别说明：办报纸工作量大，需要全员参与，没有申报到上述岗位的，由部门负责人主持，以双向选择的方式，加盟相关部门。请积极申报部门负责人岗位。请同学们积极投稿。

[报纸规划]

班级名称确定为"扬翼"班，班级报纸名称为《扬翼班旬报》（简称《扬翼报》）。报纸抬头从学生书法作品中择优录用，若没合适的，另想办法。为不影响学习，节约成本，每旬一期，大小8开，正反面印刷。

初步构想四个版面。①全球动态，时事点评，展现204班人与国际接轨。②班级时事，比如班级温情小事、班会课和班级特色活动等，展现班级精神风貌。③周记选登，学生小传，佳作欣赏，学法介绍，优秀作业、笔记、纠错本展览，展现同学风采。④家校之间，诸如亲情天地、家庭教育、模范家长评比，班主任的教育思考等，家校良性互动，展现204班人孝顺感恩。

特别说明：尝试办报，没有经验，摸着石头过河，需不断吸收、反馈，不断做出调整。请204班学生跟帖报名，承担班级工作；欢迎关心204班发展的家长及朋友出谋划策，多提宝贵意见。

很多朋友看到精美的"扬翼"报，纷纷效仿，但效果并不理想。因为他们只是简单地布置任务、分配任务，报纸也只是几个版面的简单拼接。而我们的人事安排，并不是简单的任务分工，而是选择最有能力的、最适合的学生。到底谁更合适，作品说了算。我的做法如下。布置编报任务，每人上交一份独自完成的小报，手抄的或是电子的。这样一来，谁更有排版能力、谁的眼界更开阔、谁的态度最认真、谁的美术功底最深厚，也就一目了然了。他们或许不能和专业编辑相比，但一定是班级里最有能力的。自然，编出的报纸就是最有水准的。

人尽其用，便是最大成功。这一份集合了班级同学真情、智慧、才华的《扬翼报》，自然也就成为班级文化的好载体。

六、筹"友谊饭"，锤炼组织能力

学生不可能永远在老师和家长的保护下生活，总要学会独立面对生活，我有意识地将某些活动的主动权交给学生，让他们学习如何规划、如何部署、如何执行，以及如何面对突发情况。

吃饭是一个很好的交流形式，在宽松的氛围中，大家放下学习的压力，彼此交流碰撞，能够迅速加深了解，深化感情。同时，筹划一个饭局，也能锻炼学生的能力，使他们从中获得精神成长。

吃友谊饭，有很多时间节点。比如高二结束时，一起吃饭，一起聚餐，加强联系，深化感情，体会集体的概念，为高三的冲刺蓄积能量。再比如，现在流行的高考后的"散伙饭"，也是"友谊饭"的一种形态，以重温友谊、珍惜友情为主题。

不论是哪种形态，我都把这件事郑重地托付给班干部，让他们征求意见，集思广益，精心设计，通盘考虑，完善细节，展现我们的品牌与特色，展示优秀班级的高度。活动一般由生活委员牵头，组建友谊饭策划团队，开展相关工作。活动结束后，生活委员上交活动小结，把活动过程、思考、成长形成文字，加以固化，让成长化虚为实。下面以高三毕业的"散伙饭"为例。

> 作为生活委员的我，管了两年的"琐事"与"钱事"。在这两年中，杨老师给了我各种各样成长的机会——组织校运动会入场式、当金牌管理员、开班会……当然，也包括这次组织班级散伙饭。
>
> 我们班是长河的宏志班，同学大多不是杭州本地的，老师又要去参加高考阅卷，这些因素让原本最简单的日期选择都变得复杂起来。好在同学们和老师们都很理解、宽容，聚餐那天大多数老师、同学都是按时到场。很多外地同学从老家赶来，有的索性不回老家就待在杭州等这次聚餐，阅卷的黄老师甚至是直接从高考阅卷的地方赶过来的。看着老师们与同学们陆续进场，当时我在想，能够让一群人不顾旅途的劳累与倦意仅为一顿中饭的，也就只有他们之间

镌刻进心里的情感了吧。

定好聚餐时间后，我和几个同学到我们暂定的几家餐厅进行实地考察。由于经费有限，人数又多，每个细节我们都要严格把关。考虑到用餐环境、菜品的质量与档次，老师和同学的交通便利与否，我们最后选定了湘湖边上的一家酒店。选定酒店后，我们坐在湖边，一起讨论用餐细节，吹吹风、唱唱歌、聊聊天，优哉游哉，满是欢喜。我们还在湖边合了影。当天晚上我又给每位家长发了短信，正式邀请同学们参加班级的散伙饭。主角们即将到来，我们蓄势待发准备迎接他们的到来。

到了真正聚餐的那天，我和几个同伴买好了饮料，布置好了场地，又在门口放上一张签名布等待着老师、同学们的到来。随着用餐时间的临近，包厢里逐渐热闹起来。杨老师请大家吃杨梅，还直接在包厢里举行了简短的毕业证（照片）授予仪式，以此拉开了散伙饭的序幕。看着同学们吃得这么开心、喝得这么高兴，我心里充满了成就感。

长河高中　吴冰若

2015 年 6 月

为了保证活动的顺利进行，吴冰若同学陆续发了几条短信给家长。

1. 家长您好！高三（4）班的聚餐将于 6 月 19 号中午 11 点在杭州萧山区湘湖路 ×× 号的 ××× 酒店举行。届时我们会邀请老师一起参加。同学们的毕业证书、个人档案也会拿到饭店，路远的同学吃完饭后就可以直接回家。来不了的同学的班费将全额退回，24 号由家长带回。[建议公交路线如下：坐地铁到湘湖站，换乘 405 路，湘湖公交站上，跨湖桥站下，共 5 站，下车后步行 300米。]

2. 由于近年来物价较高，此次聚会参加人数较多，我们经费略有不足，希望来的同学在 19 号时再交 30 元。谢谢！

3.24 号的家长会主要是家长参加，如果同学想回校参加招生咨询也是可以的，没参加聚餐的同学可以在家长会那天领取自己的毕业证书等物品。

4. 无论您的孩子参加班级的聚餐与否，都请发短信到这个号码告知，并注明孩子姓名。我们将以这次统计作为最终结果。望尽快回复，麻烦您了，谢谢！如有疑问，也可以打电话给吴冰若！

之所以发这些短信，吴冰若同学特意进行了深度分析。

参加这次散伙饭的老师、同学有将近 50 人，所以如何告知也成了我们工作的难题。

一开始，我们在班级群里发了信息，让决定参加散伙饭的同学以 QQ 留言的形式告诉我。本以为会得到很多人的响应，可谁知回应的人寥寥无几。事后我反思为什么会出现这种情况，我想到了，虽然之前我不停地在班级群里发消息催促大家回应我，甚至还定出了截止时间，可我发出的信息非常粗略，连用餐地点和时间都没有，只是告诉大家有聚餐这样一件事情。仅凭这样就期望得到很多人的回复，现在看来确实是痴人说梦，除非是那些每时每刻都很空闲的人可以做出决定，多数人又怎能说得准呢？

后来，考虑到这毕竟也不是件小事，很多同学要坐很远的车来吃这顿饭，安全问题不容忽视，所以我们便决定发短信告知家长，让家长转告自己的孩子。开始我们都以为只是发条短信这么一件小事，也就没怎么往心里去。我没怎么思考就开始编辑发给家长的短信，可该如何开头就把我卡住了。他们可是家长啊！不能用平时和同学们讲话的那种口气啊！应该要正式一些！于是，我便开始模仿平时杨老师给家长发短信的口吻，自己看看，还挺有那么回事的呢。

第一次编辑短信时，我们还没有把饭店定下来就打算发出去。不过发之前我还是发给了杨老师和其他同学，想问问他们的意见。真是不问不知道，一问吓一跳。我发现短信中有很多因素没有考虑进，比如那些没有参加聚餐的同学的经费退回没有告知、由于经费不足要大家补交钱也没有说明等。之后，他们也都给我提出了修改意见，还给我拓宽了思路，比如到饭店的公交路线，就是我们讨论后加上的。

最后，经过多次修改，告知家长的短信终于完成。在短信全部发出的时候，我心里的确是充满了成就感。

"散伙饭"，简简单单的一顿饭，其实并没有想象的那么简单，从策划到落实需要一系列的工作。通过群策群力，策划团队充分考虑到了各个细节，整个活动最终圆满结束，每个与会人员都享受了温馨与幸福。策划团队从中受益良多，其他同学也在策划团队的分享中，收获了一次成长机会。

第三节 ▶ 励志活动：挖掘生命的无限潜能

高三是关乎学生未来人生的关键一年。高三学生，几乎无一例外，在一年时间里头，做题做题再做题，练习练习再练习，时间长，负担重，压力大。良好的学习状态离不开健康的身体、积极的态度。所以，适时开展励志教育，借助外在力量，激励学生奋勇向前，及时调整状态，非常有必要。

高三任务重，不宜开展费时费力的大型活动，我主张以落实校内常规活动为主，并发掘短平快的教育活动。

一、自我确认

该活动源自潜能激发大师安东尼·罗宾的创意，具体做法如下。依次伸出左脚、右脚，高喊："左脚，右脚，哈！"伸开双手，喊："这是多美好的一天！"挥拳，高喊："充满了爱、热情、效益、感恩，Power（力量）！"握拳，高喊："我选择快乐！"（3 遍）击掌，高喊："Yes（是），yes，yes，oh（噢）yes！"做自我确认操，喊自我确认口号，是对自己及周围事物的肯定，可以打开学生的能量开关，让学生的心情愉快，散发正能量。

二、励志长跑

面对繁重的学业，学生的锻炼时间越来越少，体质下降。因此，我们开展了励志长跑活动。多年来，男生坚持跑 3200 米，女生坚持跑 2400 米，既锻炼了身体，又磨炼了意志。

周三，是我们励志长跑的时间，你会脱掉外套和我们一起跑，和我们比赛，催促我们快跑。励志长跑活动，一开始我是极不愿意的，对你的意见不知有多大，总感觉你在想法子整我们，可是又推不掉，只好硬着头皮上。你可真别说，一圈又一圈就这样过来了，现在跑起来还真轻松，身体素质还真好了不少。至少不像高一的时候，三天两头请病假，有一次还请来了120的同志。我态度的转变我不说你怎么会知道呢，又怎么知道我现在是开心呢？

学生在日记中这样表达励志长跑对他的意义。
励志教育要细水长流，励志教育要天天坚持。

三、毅行活动

我们学校地处两湖一江——西湖、湘湖和钱塘江之间，有着丰厚的地域资源。为了更好地帮助学生了解家乡文化，丰富课余生活，让学生们在美丽的大自然里放飞心情，在山水之间陶冶性情，在远足之中锤炼意志，学校因地制宜，开展毅行活动。具体做法是，利用一天时间，从学校徒步走到湘湖公园，参观跨湖桥遗址博物馆，游玩城山广场，往返共18公里，使学生历练精神，磨炼意志。

湘湖的跨湖桥文化遗址，是国家级文物保护单位。这里出土了世界上最早的独木舟，把浙江文明史前推到八千年前。越王城山为吴越争霸时越王勾践卧薪尝胆、屯兵伐吴之地，山上迄今还保留有越王城遗址、勾践祠、洗马池等遗址。学生们在登山寻访古人遗迹的同时，深深地体会了越王卧薪尝胆的艰苦创业精神，深化了自身对"理解、主动、勤奋"宏志精神的理解。

同样一个活动，我做了一些调整和延伸，把活动效益最大化。

（一）多一份重视

一个活动的效益，很大程度上取决于老师对活动的态度与重视。学生的态度取决于老师的态度，老师重视了，学生也就重视了；老师随意一点，学生随意一片。活动前，我都和学生讲，要么不做，要做就认认真真地做，踏踏实实地去实践、去体验。不是单纯为了完成任务，而是在过程中真正有收获、有成长。

（二）来一点刺激

生活在城市里的孩子，很少走这么远的路。去的时候还好，回来的时候，已然"气息奄奄"。有鉴于此，我鼓励同学们，既然是"毅行"，就要行出水平，行出高度，行得与众不同，鼓励同学们跑步回去，"争抢"热水。于是，大家鼓起劲儿来，一路狂奔，其他班的学生被远远落在后面。我们最先回到学校，享受空旷浴室的"福利"，这成为学生们美好的回忆和难忘的成长经历。

（三）说一句收获

很多时候，我们会把活动和教育截然分开。其实，两者是相互融通、彼此融合的。活动结束，任务完成，工作戛然而止，是资源浪费。

毅行，变成毅跑，回到学校之后，利用班会课时间，我请同学们围绕着"毅"，谈谈自己的经历、体验、发现。老师要兼顾几十个人，背后的价值点、闪光点，美好的人性光辉、人格力量，很难兼顾。让学生们说出来，可以让当事学生享受幸福与美好，强化身上的亮点。当然，不会是每一个学生都能发现，也不是每个学生都能说好，但一定能开掘到好的教育素材与教育资源。

四、个人传记

一个人的成长历程，总有成功，也肯定会有失败，不论成功还是失败，对成长都有意义。成功，可以总结经验；失败，可以汲取教训。所以，盘点成长历程，梳理人生路途中的成功与失败，撰写个人传记，让过往经历成为成长的基石，是不错的选择。

传记，在传统概念中，了不起的人物、伟大的人物，为民族、为国家、为世界做出重大贡献的人才有资格。写传记，对十多岁的学生而言，绝对是一个兴奋点。

台湾的季洁芳教授，曾让学生做过这方面的尝试，并且卓有成效。我和学生分享了季老师学生创作的《我的阿公，就是爱——关于我的阿公张文田的故事》，让学生有章可循，知道要做什么，可以怎么做。

事实证明，学生能做得很好。任务下达之后，学生收集成长照片，回顾成长的点点滴滴和收获的感悟，撰写个人成长传记。

下面和大家分享一例。俞××，在她的个人传记《那个女孩儿》中，用散文笔法，回顾了她的成长过程和对生命的感悟。

> 回望自己一路走来的点点滴滴，翻看着相册中那渐渐改变着的脸庞，我的心情是无比复杂的，有后悔，有忧伤，有快乐……我的心被触动了，不自觉地在心底默默感谢着时光的流逝所带给我的印记；感谢这十几年来父母的养育之恩、老师的教导之恩、朋友的陪伴之情。
>
> 所谓成长，它带给我们的不仅仅是美好，其实静静想来五味杂陈的滋味才是更珍贵的记忆，因为它使我有了更丰富多彩的生活体验，使我在成长的道路中迈着越发坚定的步伐。
>
> ……
>
> 不忘初心、坚定自我是我一直坚持的理念，怀揣着梦想的努力会愈发强烈，成长道路上的坎坷，只不过如同月亮的阴晴圆缺，一

成不变只会让人生路变得枯燥乏味。我用最诚挚的内心、最青春洋溢的姿态去迎接、体验、感受前方的风景。也许有的种子永远不会开花，因为它是一棵参天大树。

……

芝麻开花节节高，每一次盘点总结，都是在为新的成长蓄势。传记，是成长史，是奋斗史，更是一部励志书。回顾一路走来超越的时刻、激情的瞬间，给在高考学海中搏击的学子注入了正能量。

五、每月一歌

每个学生都渴望进步、追求进步，但往往很难坚持。真正好的教育是自我激励、自我教育。鉴于此，我们发起了"每月一歌"活动。每天早自修之前，全班同学起立高歌励志歌曲，信心满满地开始每一天。

"每月一歌"，所选歌曲，有传统经典的，也有时下流行的，还有外国歌曲，都由学生筛选决定，共有《从头再来》等10首成为选定曲目。在同学们的坚持下，"每月一歌"成为班级的传统项目，每天早读课前5分钟，全班同学齐声高唱励志歌，在激情澎湃的旋律中，开始新一天的学习生活。

10月份的"每月一歌"，是南非世界杯主题曲《旗帜飘扬》。两周过去了，学生代表走进办公室，说已经会唱了，要求换歌。我知道学生的心情，同一件事情做多了会厌烦，每天跑操、打扫卫生，包括在他们看来太简单的事情，如背诵，学生都很容易厌烦。我笑而不答，告诉他们，要真正学会一首歌没这么容易，建议他们回去再唱一个星期，把歌曲彻底唱熟。

带着几分不满意，以及被老师小瞧了的情绪，同学们又坚持唱了一周，然后又要求换歌曲，并进一步提出，以后每半个月换一首即可，否则没有新鲜感。我告诉他们，我理解他们的心情，但既然是"每月一歌"，就要坚持一个月。就算要改革，也应该做完当下的，从下个月开始实施。为了体现他们也有规则意识，学生又坚持唱了一个星期。

当然，后面唱歌的效果并不理想，学生唱歌的情绪低落了很多，只是在完成任务。怎样让"每月一歌"真正体现价值？怎样让学生明白再简单的事也需要一定的坚持？或者说，怎样让这些有点心高气傲、自以为是的家伙低下头来好好思考？嘿嘿，来点小小的腹黑吧，挖个小坑，给他们点颜色瞧瞧。

新的一周开始了，周一班会课时，我走进教室，让学生拿出默写本，做好默写准备。同学们满脸疑惑，你看看我，我看看你，一边拿本子一边嘀咕："没有布置过默写任务呀！""叫我们写什么呀？"

"全文默写 10 月份的'每月一歌'。"我揭开谜底。

"啊！"同学们怪叫着，手忙脚乱地开始默写。时间一到，同桌对调，对着投影的答案，用红笔互相批阅。结果，全班 50 个人，歌词全部默对的一个人也没有，错误在 5 处之内的，也只有可怜的几个。

我趁热打铁："同学们，唱了两个星期，你们觉得已经熟悉了；再唱一个星期，你们觉得已经全掌握了；再唱一个星期，你们觉得是在做无谓的重复。那么，现在看看，你们真的会了吗？你们真的掌握了吗？事实证明，我们学习的时候很容易浅尝辄止，往往有点知道就感觉差不多懂了，有点懂了就觉得差不多掌握了。但结果呢？希望同学们多一份细腻，多一份严谨，多一份务实，千万不要做'差不多先生'。"

面对惨不忍睹的默写本，同学们若有所思。这之后的"每月一歌"，同学们都用心用情地唱，每首歌都会认真地唱一个月，再也没有出现要求更换歌曲的情况。

六、掌上硬撑

从本质上来看，"掌上硬撑"是一堂励志心理课，通过设置游戏环节，让全体学生激情参与，每一个学生都是课堂的主角，在活动中体验，在体验中感悟，在感悟中成长。

游戏规则如下。

全班分为 2 个大组，每组 25 人，每组各选出一男一女作为队长，其余 23

人参加报数游戏。23 个人以任意队形报数，从 1 开始，报到 30 为止，每组有 7 人需重复报数。一旦出现错报、漏报、抢报、停顿等问题均视为无效。两组若成绩均有效，则比较所用时间，用时长的一方为负方；若其中一方成绩无效，则直接判定为负方；若成绩均无效，则继续直至分出胜负。负方 2 名队长接受惩罚：胸部贴地做俯卧撑，俯卧撑数量按照 20、40、80、160 翻倍累计。

游戏亮点如下。

1. 有效。参与游戏的同学，最初都不明白游戏意图，不知不觉中受到教育启迪，胜过千言万语的教育。

2. 感人。最初好玩随意，中途心有感触，最后看到队长受罚时忍不住流泪。

3. 多元。融注意力养成、意志力培养、责任教育、集体主义教育为一体。

十几年来，我所带班级的学生，往往通情达理，懂得与人为善，感恩、自信、阳光、乐群、心智成熟，富有责任心，在老师之中有很好的口碑。上大学之后，凭借性格的优势、交往的能力、人格的魅力，大都有出色表现，往往在所属群体中脱颖而出，承担起班级、学校、社会的责任。

圣诞夜，收到一名毕业学生的短信。

亲爱的杨老师：祝你圣诞节快乐！现在跟大学同学聊天，无意识就会自豪地说起你，说起我们的抽签换座位、冥想、小铜人、阿六头说新闻……有的时候竟然会学着你的语气把你教的人生态度、处事思维讲给跟我吐槽的同学听，并自豪地说这是我的高中班主任告诉我的。真的，你是我们的骄傲哦！嘿嘿，今天煽情了一下，不过都是心里话呢！感谢在最美的年华中有你。

总之，个性化的班级活动，受学生欢迎的活动，在班级建设、班级管理、学生能力培养等方面作用巨大。活动架起了桥梁，密切了师生、学生之间的关系，由相识到相知、相容、相助、相亲、相爱，相互理解，相互关怀，增进友谊，增强合作意识，让他们在最美的年华，留下了最生动的记忆。

第五章

教育常态：刻板变灵动

　　日复一日的常规工作，容易陷入刻板，令人心生倦怠。我们必须变理念、变方法，以满足学生身心发展需求，还原教育鲜活灵动的面貌。

第一节 ▶ 制定班规：尝尝破产的滋味

班规，似乎每个班都有，或纲要式的，或细腻式的，或繁或简，或加分或扣分，各有其意义。但有一点，大部分学生对班规的认知，往往停留在约束自己、对付自己的层面上，在内心很难将班规视作与自己有密切关系的伙伴。我尝试给每一条班规一个理由，让班规生动鲜活，带有生活气息；同时，我让班规与银行借贷结合，使传统班规多一份时代气息，让学生多一份主动关注。

109 班量化考核细则

一、加分细则

1.作业按时上交、当月没有不良记录的同学，月末给予加 10 分的奖励，作业质量有问题，被老师批评过的学生，不在此列。

说明：坚持不易，能做到，理应加分，但只是上交了，没有质量，也是不妥的。

2.鼓励勤奋刻苦，早读和晚修提前 20 分钟到教室学习的同学，每天加 0.5 分，要求两个时间点同时达标。

说明：要挣这个分，还是容易的，能力有大小，水平可能也有差异，但态度是自己决定的。

3.为班级和学校做出较大贡献，酌情加 1 至 15 分。以运动会为例，以运动会实际得分为准，得分累积，15 分封顶。有的贡献他人可能不知道，鼓励同学自主申报。

说明：做了贡献，可以让别人知道，没什么不好意思的，但不鼓励为加分刻意去做贡献。

4. 期中考试、期末考试、模拟考试等全科重大考试，班级前10名根据名次加6至10分，班级第11至20名加1到5分，名次越好加分越多。考试成绩取得进步，根据进步幅度加1到10分。第一次重大考试，以分班名次为准。之后，以之前历次重要考试的平均值作为比较的基准名次。

5. 获集体荣誉，比如文明寝室、文明班级、精神文明奖等，付出努力的同学每人加10分。

6. 金牌管理员，为班级发展做出比较大的贡献，期末每人加15分。

说明：金牌管理员的工作，直接关系班级的班风和学风，意义非比寻常。

7. 重大考试，单科成绩在年级前6名的，课代表分别给予15分、10分、5分的奖励，两个名次一档。

8. 班级实行岗位承包制，每人一岗为份内工作，原则上不予加分。学期结束，对全部40多个岗位进行民意调查，民调满意度前10名的同学，给予1到10分的奖励。

说明：金牌管理员和课代表已经有单独表彰项，不纳入其中。

二、扣分细则

1. 上课吃零食、睡觉、看课外书、聊天、照镜子、随意走动等违纪行为，班干部记载扣1分，楼层管理老师记载扣2分。

说明：被老师记载，负面影响更大。

2. 没有办理请假手续，擅自旷操，每次扣2分。

说明：补假照扣，应该学会提前安排好工作。

3. 早上9:00之前，下午2:30之前吃东西（喝水除外），每次扣1分；携带水果、饼干、面包等之外的非充饥零食，一经发现，每次扣2分。

说明：要求入教室之前吃好早餐，不空腹上学，两节课后，允许吃些健康食物充饥。

4. 私自将电脑、话筒作为娱乐工具，每次扣 2 分。

说明：这是教学工具，不是娱乐工具，乱用影响正常教学。

5. 迟到每次扣 2 分，提前办理请假手续的不在此列。

说明：延时就餐，时间紧迫，考勤可以延后 5 分钟。

6. 眼保健操不认真做、没做或者节次做错，被值日班长提醒扣 1 分，被自管会、楼层管理老师、班主任和学校提醒扣 2 分。

7. 作业不交，一次扣 1 分，一周汇总一次。

说明：补交作业的截止时间为第二天该科目上课前。补交作业的，不予扣分。如果次日没有课，截止时间为次日午休课下课前。

8. 值日班长没有到岗到位，影响班级管理的，值日班长扣 5 分，当天其他同学考勤不予加分、扣分。

9. 对于携带危险物品进入教室或做危险动作的，每人次扣 5 分。

说明：同学间争执时动手等适用此条例。

10. 期中考试、期末考试、模拟考试等全科重大考试，成绩退步的同学，根据退步幅度扣 1 到 10 分。第一次重大考试，以分班名次为准。之后，以之前历次重要考试的平均值作为比较的基准名次。

说明：不明之处参见加分细则第四条。

11. 携带"三国杀"、扑克牌等纸牌来校的，扣 10 分，参与游戏者扣 5 分，累积扣分。

说明：携带者为始作俑者，应严惩。

12. 班级、学校和团委布置的实践作业未按时、按要求完成的扣 10 分。

说明：社会实践有一定的难度，但对学生的成长，意义非常大，分值要高点。

13. 寝室扣分、教室扣分等学校层面扣分，10 倍扣分。

说明：考虑到学校是 10 分制的，班级是百分制的。

14.严重违反校纪校规，如早恋、偷窃、使用手机、去网吧、酗酒等给班级带来负面影响的行为，根据情节轻重，每次扣10、15、20分不等，具体分值视程度和态度而定。

说明：这是班级扣分，和学校学生处的处理并行不悖，互不冲突。

三、借分细则

1.濒临破产的，可以向同学借分，双方约定归还时间，并给予适当的利息。

说明：有借有还，再借不难。

2.个人账户分值低于60分的，视为低保户，不具备还分能力，不许归还分数。

3.在约定时间内还分的同学，享有和其他没有借贷同学同等的待遇，反之，则取消一切评优争先资格。

说明：做人诚信为先。

四、赠分细则

1.接受别人的资助、赠送，所得分数仅用于避免破产。

说明：为难之际，有贵人相助，也算是好人一枚，不应让你破产。

2.接受救济的同学，取消期末评优争先资格。

说明：要靠救济度日，肯定说不上优秀。

3.分数一旦赠出，视为对方的财产，不得索要。

说明：班级小集体，也要与社会接轨。

五、补充说明

1.扣分每周统计每周汇总，每月小结，期末汇总，并张榜公布。期末考评、评优，以此为准，兼顾硬标准，不再投票。

说明：人是复杂的，很难准确量化，但评估个八九不离十，还是可以的。

2.破产之前，提醒家长；破产之后，邀请家长来校，协商开展社会公益活动，消弭之前散发出来的负能量。

　　说明：学生在校表现不好，家长也有责任。

　　3. 不允许强行要求同学赠分或是借分，一旦被投诉并查实，当事学生取消一切评优争先资格。

　　说明：强扭的瓜不甜，凡事以尊重为先。

　　4. 班级实行班级岗位承包制，每人一岗为分内工作，原则上不予加分，前面提到的特别重要岗位除外。

　　5. 本条例于××年××月××日讨论通过，于××年××月××日19:30分开始实施。本条例解释权在班级大会。对争议条例，未尽事宜，交由班级大会讨论定夺，并投票表决，酌情加、扣分。本条例原则上每半学期修订一次，如有需要可提前修订。

　　6. 其他未尽事宜，参考相关条例，同理类推。

　　教育的魅力在于变。三年一轮，学生是不一样的，哪怕是一样的学生，他们也是不断发生变化的个体，昨天和今天也是有差异的。过去有效的教育方法，用在新学生身上不一定灵验。要根据班级的特点、学生的性格特征，从实际情况出发，制定学生能接受的、符合他们心理特征的班级规范，为班级的发展服务，为学生的发展保驾护航。

　　本班级条例和传统的班规相比，体现了以下几个特点。

　　1. 教育性。每个条例后，尽量用文字说明原因，便于学生理解和接受。做通工作比加分、扣分本身意义更大。

　　2. 公平性。传统条例以约束为主，分数越扣越少，任凭怎么努力，分数减少是不可逆转的结局，让人产生无力感。本条例有加分，有扣分，有奖励，有惩罚。

　　3. 激励性。条例淡化基础条件，侧重挖掘学生的内在力量。只要学生是积极上进的，他拥有很多加分、增值的机会。如果破产，那也是自我选择的结果。

　　4. 时尚性。和社会接轨，采用破产制，有转让，有赠分，有借分，采用社会化运作，形式新颖，让学生在学校生活中体验社会，避免"两耳不闻窗外事，一心只读圣贤书"。

资产的多与少，是学生表现的晴雨表。不论是资产增多还是减少，对学生的成长、班级的发展，都有重要意义。对资产增长的同学，不需要鼓励和表扬，一直往上窜的曲线，就是对学生最好的确认和表彰。反之，资产减少，日益逼近警戒线，对学生本人和老师的提醒意义都是明显的。

以差点破产的小史为例。班规实施以来，小史的行情一路下滑，朝着警戒线接近。看到自己与别人的落差，他心里有压力，并决心付出更多努力。他找到我，说形势很严峻，也想多挣分，可自己自控力不行，特来表决心寻找外在监督。小史还是主动的，若是被动的，老师可以主动找他聊聊，寻找相应对策。

小史的努力，延缓了资产锐减的进程，但因前期资产流失太多，仍然渐渐逼近破产。这时，邵同学慷慨解囊，伸出援助之手，使小史逃过一劫。虽然只是虚拟数字的划拨，但真实体现了同学之间的互帮互助，见证了友情的力量，也让小史体验了从头再来的新生感。

设想一下，假如因无人援助，小史破产了，我们该如何应对？我们可以来一场深刻的辩论——你为什么不救？小史到底值不值得救？

新的方式，需要我们运用新的思维。新思维来源于对学生心理的揣摩、对事物的不断思索，否则再新的方法也只能沦为走过场的道具。

第二节 ▶ 排定位置：抓阄好玩又公平

新班级刚刚组建，有很多工作，排座位便是其中之一。排座位有多种方法，最传统的是按照身高次序排列。当下仍被绝大多数班主任采用。

这一做法虽被大众接受，但静心思考，不难发现，其实并不公平，经不起推敲。经常接到家长电话，说自己的孩子离黑板太远，希望老师调到前面一点，我通常以个子太高为由婉拒。也有个子矮小的同学，对自己因个子矮小无缘后面的位置而有诸多怨言。

我就开始琢磨，为什么高个子一定要坐在后面？个子高一点的难道注定权益要少一点？个子矮小的同学，习惯于坐在前头，会不会思维定式地认为坐在前面是自己的专利？个子恰好中等的，为何又总有机会坐在最佳的位置？他们对高个子与矮个子的同学，有没有"身临其境"的感受，有多少理解与包容？可不可以绝对公平，用抓阄的方法决定自己的位置呢？经过长期思考，面对文理分科后的新班级，我尝试用随机抽签的方式排座位。

具体的做法如下。把进门的第一个位置坐标设定为（1，1），给全班的座位建立坐标，然后制作一一对应的阄。把所有的阄放在一个瓶子（盒子）里，每人上台随机挑选一个，选中哪个阄就坐在相应的位置上。每周抓一次，每次坐一周，每周日傍晚完成抓阄及座位的调整工作。

要推行一种做法，需要必要的舆论宣传，赋予行动以意义，让更多的学生支持老师的做法。若是贸然行动，很容易陷入被动的境地。在推行新的座位排定方法前，我在全班做了动员。

　　追求公平，一定是社会永久的追求。随机抽签，存在很大的偶然性，但它一定是最客观、最公平的。虽然还没有步入社会，但你一定要知道，社会上的竞争是非常激烈的，也是非常残酷的，没有人会主动将好位置让给你，需要你有实力，也需要些许的运气。

随机抽签，就有了各种各样的可能。比如，这两位，他们来自同一个班，而且是同桌，如今他们再次成为同桌。这是缘分，他们是彼此生命中的有缘人。比如，这两位，他们原本并不认识，是没有任何交集的陌生人，如今缘分把他们联系在一起，今生多了一位朋友，将会收获一份友谊。比如，也可能出现男女同桌，这也没关系，因为异性之间的交往，是每个人生命中必不可少的一门功课。而这门功课不是老师教出来的，是靠你们自己摸索出来的。你们可以从尝试与同桌交往开始，积累交往经验与技巧。相信这对你们未来家庭幸福乃至整个人生的圆满，都会大有裨益。

人都有一个特点，接受熟悉的，拒绝陌生的，适应毕竟是痛苦的。留恋先前的班级，是分班初期的显著特征。进入新的班级，也往往和先前的班级同学玩在一起，坐失了结交新朋友的机会。不停地抓阄，定期更换同桌，使你能有机会和更多的人接触，结交到更合拍的同学，尽快完成去陌生化的过程，以最快的速度融入新的环境。

传统的排座位方法，是明显照顾矮个同学的，我就是在高个子同学的照顾下成长的。我这样做，是希望矮个的同学不要以为，坐在前排是理所当然的，没有这样的明文规定。高个子的同学，把前面的位置让给矮个子的同学，那是非常高尚的行为，一定会收获助人为乐的幸福。矮个子的同学，享受了高个子同学的恩惠，天天和自己的恩人在一起，那也同样是人生的乐事。

其实，我们都很幸福，只是我们习以为常了，我们对幸福的感觉迟钝了，老师希望通过随机选位，彼此能多一份理解，收获久违的幸福与感动。老师的这一决定，是经过深思熟虑的。如果对老师的做法有想法，可以保留自己的意见，希望先按照要求去做。一个月之后，你一定能体会到这样的改变，对一个初步建立的班级带来的神奇效果。一个月之后，如果大家认为有必要仍旧按照身高排，也是可以的，到时我们再商量。

有了充分铺垫，学生理解了老师的良苦用心，就会积极配合班级的安排。选位子开始，教室里一片热火朝天的景象，每个学生都高兴地等待着生命中的有缘人，期待着神奇的邂逅。

这份期待与融洽，无形中加快了学生们对分班的适应速度。

当然，新事物总不是一开始就备受欢迎的。新做法先不先进，尝试了才知道。没有尝试，也就不会有成功。很多事情没有成功，往往是因为止步于想法与对未来的恐惧。这次排座位改革，在一开始，就对加速班级融合起到了一定作用。在一个月后的意见征求中，大家一致认为这样做挺有意义，不仅拓宽了交往圈子，还发现了之前不曾发现的美丽。班级大会高票通过继续采用抓阄排位的做法。这也坚定了我继续用抓阄的方法排定座位的决心。

当然，任何事物的发展都不可能一帆风顺，我也做好了准备，迎接可能面临的挑战。

开头几次，我都在现场指挥换座位，秩序良好。几次之后，学生们了解了基本流程，业务也基本熟悉了，我把工作全权交给班长负责。结果意料之外的事发生了——为了和自己喜欢的或是要好的人坐在一起，部分学生私自调换了位置。

这一做法，违背了抓阄定座位的初衷，冲淡了抓阄的意义和价值。班长劝说无果后向我诉说："同学们的素质不够，不能遵守规则。"

我对班长说："有人的地方，就有腐败。出现这样的问题，问题不在同学，而是因为我们的制度或者执行有问题。你因此责怪同学，缺少当班长的高度，你这样理解不够到位，还要修炼。所以，我们不能批评他们，而是要完善制度。这样，我们的能力提高了，工作的意义也就有了。"

班长一听有道理，转身琢磨办法去了。不过，学生毕竟经验有限，第二天，又来向老师求助了。

我提议，每抓一个阄，就把坐标登记在花名册上，白纸黑字，板上钉钉。班长也觉得挺不错的，于是就这么操作了。

后来，有学生提出逐一登记的做法费时费力，完全可以借助电脑制作相关软件。学生的智慧不容小觑，在信息时代，我们很多老师的电脑水平远远不及学生，还真需要虚心向学生学习。在一个习惯不好、成绩也一般的学生的帮助下，换座位软件诞生了。之前费时伤神的抓阄工作可以瞬间完成，而且可永久保存。

换座位软件还可以根据某些特殊要求进行升级。比如后来，为了让座位为学生成绩进步服务，征得学生同意后，班级确定第三排为学霸专用位置。学霸可以对教室前面的同学起推动作用，对后面的起带领作用。学霸由学生根据表现民主选举产生。学霸产生之后，根据得票确定自己的位置，票数多者优先选位。学霸位置确定之后，其他同学的位置随机产生。

后来又有学生提出，这个做法并不完善，资源浪费严重，建议 8 个学霸分散在三四两排。学霸不许坐在一起，学霸的同桌一定要是非学霸。这样学霸能影响更多同学，真正起到带动作用。当然，由同学们推举的学霸，有权放弃学霸权益，进入机选环节，空缺学霸，由替补学霸补全。

因为是随机产生，抓阄定座位也必然出现不适合坐同桌的却坐在了一起的情况，科任老师很快来反映问题并建议把他们调开。我及时补充换座位的要求：一个月之内，同桌因表现欠佳提醒次数多达三次的，就纳入黑名单，以后永远不许坐在一起。给予三次提醒，意在说明已经给予多次改善机会了，若不珍惜只能减掉部分权益。

以抓阄为最大特点，并不断补充、完善的座位排定法，一直坚持到毕业。较之前几届，因座位产生的问题大大减少。从某种意义上讲，座位问题越多，班级的问题也就越多。因此，这个排座位的方法有积极意义。

第三节 ▶ 营造氛围：多管齐下有佳境

曾经有老师问，教室里总是吵闹，为此非常苦恼，不知道怎么办。这是一个比较普遍的问题，我也曾遇到过这种问题。

经过观察和思考，我发现学生静不下来，那是有静不下来的原因的。如果外在条件不容许他交流，吵闹的问题也就不复存在。以我班为例，每天晚自修前的10分钟，是值日班长小结时间。这时，学生往往一边聊天，一边等值日班长总结。怎样改变学生消极等待的状况，让他们接受外在信息输入的同时，又能实现自我对话，唤醒内在的潜能？我们进行了"冥想"尝试。

冥想，从字面上理解，是宁静、深邃地进行想象。从本质来讲，冥想是一种自我催眠，切断与外界的交流，只与内心进行沟通，求得宁静。

晚自习5:50开始，学生一般5:30已经到教室，于是，5:30一到，关闭电灯，全班同学静坐冥想。冥想内容没有硬性规定，建议可以想一想自己一天的学习和生活，有哪些进步和不足。做得好的，可以自我鼓励一下。做得不够的，可以趁这段时间调整，制订一个晚自修学习计划或近几天的大致安排，使晚自修更加高效。

为便于操作，也是为了让活动更有效，我把冥想细分成下面几个环节。

前期准备：坐好，以最舒服的姿势，趴着也行。深呼吸——吸气，呼气，来回三次。

画面回放：今天最开心的事情是什么？有哪些？最有待提高的是什么？（建议只想一件）

规划未来：今天晚上，我将如何度过？明天，我将以怎样的状态面对？

暗示收尾：我一切都很好，细微的不快或是挫折，是生命的过客，让我的生命变得更加丰盈。

结束时间一到，值日班长开灯，同学们从安静的思考中进入晚自修。

学生反映，微风吹拂，彻底放松，冥想时自己居然睡着了。

之前，值日班长对于同学们的吵闹束手无策；现如今，到点拉闸一声令下，全体同学走进冥想的世界，嘈杂的声音顿时消失。不得不感慨，有些问题并非无解，只是没有找到合适的解决方法而已。

本以为这个做法，不管怎样，作为新事物，总会有质疑或反对的声音，未曾料到，冥想得到了全班的一致认可，学生们还热心地给出了在细节上完善的办法。

1. 有好几次，在食堂吃饭遇到别班的同学，问我："你们班的冥想是谁想出来的？这么有创意，我也想冥想啊。"确实，冥想是我们班的一大特色，我想最好能一直冥想下去。

2. "黑夜给了我一双黑色的眼睛"，思想活动在黑夜里不会停息。回想一天中最有收获的时刻，一句话、一道题目，或是让思想蔓延开来，今天做过的有意义的事情，和朋友们的美好瞬间。或许太累而走不动了，如老杨所说，鼓励自己，给自己补充能量与信心。十分钟说短不短，说长不长，刚好适合调整自己，重新上路。

3. 冥想不仅可以让大家及时安静下来，保持晚自修前安静，同时，也是一次自我审视的机会。人是非常需要自我审视的，虽然在冥想时不一定会真的做到自我审视，但有 10 分钟来调整状态，让自己的心静下来，也是一件很不错的事情。

每天 10 分钟的冥想，被学生视为一份时间礼物、自由礼物。

很多班借鉴冥想的做法，但效果不好。原因何在？做法固然重要，行动之前的前期工作、大力宣传和铺垫，才是决定性因素。思想没做通，只在形式上努力是不行的。同时，做法不是一成不变的，要及时反思、补充和完善。我们班冥想做法的良好效果，源于我们的组合拳：打造宁静环境，需要多管齐下。

一、舆论先行

（一）摆事实

要解决问题，必先加以关注。我先摆明现状，罗列接收到的纪律反馈，也谈谈自己巡视整个年级组的感受，明确纪律是当下班级亟需解决的问题。我告诉学生，我们班的纪律不能说差，更不能说乱，但和优秀班级比起来，还有差距，我们可以做得更好。之所以这样讲，一方面，这是实情，实事求是道出真相；另一方面，不能夸大存在的问题，否则会给学生一个错觉，这个班级很糟糕，从而失去信心，导致离心离德。倘若学生心散了，问题就大了。

（二）讲道理

学生并非不知道宁静的重要，"静水流深"、"宁静致远"、"静能生慧"，这些道理他们耳熟能详，老调重弹没有太多效果，要讲就要有不一样的视角。恰巧暑假带学生去欧洲游学。那是一段快乐时光，是一次幸福之旅，但也带给我深深的刺痛。我告诉学生，要不是亲身经历，我始终难以相信，在国外，中国的游客，不论是吃饭还是住宾馆，都是被区别对待的，享受"特别"待遇，不和国外的旅客同吃同住。就是住在同一个旅馆，也是被安排在不同的楼层。其中的原因，据导游讲，就是因为中国人说话吵闹没有素养。实事求是地讲，那种被人歧视的感觉，真是令人窒息。同行的学生，最初也是大声嚷嚷，后来慢慢注意起来，静静地走路，悄悄地说话。我借亲身经历，向学生传达我真诚的希望，作为世界公民，要学会关注他人的存在，从现在做起，从创建宁静班级开始，与国际接轨，做一个文明的人。这不只是为了别人，更是为了自己，于人于己都是好的。

（三）断后路

很多事情没有做好，并非不能做好，而是因为决心不够大，对自己的要求不够高。我表明了坚定立场，不给自己留退路。一方面，我公开和年级组的老师说，接下去的一个阶段里，我们班要狠抓班级纪律，打造宁静的班级品牌；另一方面，明确告诉学生，不达预期不罢休，一个月没做好，那就两个月，两个月没做好，那就三个月。

当然，要强调的是，学生的认知是不同步的，有差异是必然的，同样的事件会有不同的理解和解读，有学生就担心，"教室要保持安静，但感觉课间过分强调安静，会让气氛过于压抑，缺乏生气，没有活力"。为避免误会，产生阻力，态度必须明确：嘴巴是用来吃饭和说话的，并非不准说话，而是学会如何说话，课堂上必须是宁静的，课间休息要求降低声音。创设宁静的环境，是一种倡导，不应因自己的存在而让别人痛苦，并非彻底封杀嘴巴的说话功能。这样，学生也就理解了。

二、集思广益

写周记不是什么创举，但它是师生沟通的渠道和载体，既能了解问题，也能借力学生的智慧，挺方便也很实用。

我让学生写两篇周记，一篇周记回答一个问题。

第一个问题：为什么在教室里要保持安静？希望每个同学深入思考，能有不同于其他同学的理解。在学生认真思考、积极回答的过程中，静文化建设已悄然启动。

有的学生从正面作答，列举自修课教室保持安静的原因。

> 静以修身。保持安静是一种文明行为。可以省下力气去干别的事，可以提高学习的效率和做作业的正确率。也能感觉自己像学霸，提高内心的自信。保持心态平静，只有静下心来才能学好。互不打

扰，促进同学友谊和谐健康发展。营造安静、良好的学习氛围，让大家能够及时完成作业。思维更加活跃，思考更加深刻，注意力更易集中，记忆的知识点不容易忘。养成随时静心的好习惯，拥有更强的自律能力，培养人做事一丝不苟的习惯。拥有更多独立思考的时间，独立思考出的成果才能获得更大的成就感，集聚更多信心。防止因纪律问题而扣分。维护班级声誉，树立良好班风。提高班级在其他老师和同学心中的印象分，使班级在年级中成为表率。

有的从反面阐释，谈到自修课随意讲话的后果严重。

言多必失。浪费口水，浪费资源。吵闹影响同学学习状态，导致别人讨厌自己。引起连锁反应，造成全班无心学习。发出噪音影响隔壁教室自修。口水飞溅，导致细菌传播，不卫生。嘴巴一张一合太多会很累，说话太多对嗓子不好，会引起疾病。说话过多会使他人心情烦躁。说太多话，心情激动，容易上火，让自己变得浮躁。养成在无人管理的情况下随心所欲的坏习惯。被领导责罚，被扣分。为班级的管理工作带来不便。引起老杨发火，对他身体不好。常常让老师担心自修课的纪律问题，使老师为了管理身心劳累。扰乱学校秩序，显得我们素质低下，其他老师和同学会对班级产生不良印象。

第二个问题：如何让班级纪律更好，创建宁静班级，让班级成为适宜学习的天堂？

学生们的表现没有让我失望，从管理措施、管理方式、奖惩制度等方面提出了宝贵意见。这再次证明，智慧在民间，学生有能力解决他们面临的一切问题。选择部分分享如下。

选拔安静卫士，分布在1、2、3、4各组，有强烈班级责任感者优先，可根据需要把他们调整到"闹市区""维和"。

四人小组，分而治之。每一小组选出责任心强的担任组长，负责提醒小组成员及时安静，以小组为单位进行管理和考核。

班级纪律存在问题，源于指令模糊，希望管理指令更明确。正如我妈叫我买菜和我妈叫我买鱼，道理是一样的，买菜我还要考虑买什么，而买鱼则简单明了。

实行值日班长奖赏制，每个月进行"最佳管理员"评选，班会课进行表彰，给有待提高的管理员提出整改意见。

评选纪律模范，引导大家向优秀学生看齐。

每节课上课打铃后，值日班长上台喊几声："大家安静！"如果不行，值日班长一起喊，我管那天试了，感觉有用。

让值日班长在门口提醒到教室的同学，确认安静了再让他进去，组织喜欢讲话的、比较吵的学生去考察整个年级。

倡导：入室即静，入座即学，入学即专。让"静"成为班级文化的主旋律。

加大考核分数的公示力度，引起关注。

提前一分钟返回座位，做课前准备，这个做法挺好，可以继续坚持。据观察，课间操和体育课后课前，相对更吵，迟到的人也更多。多半是因为倒水导致的，提醒大家提前一节课把水倒好，减少走动和迟到人数。

增设纪律小组长，小组长必须是最严格、最安静、最铁面无私的，在早、中、晚关键时间点管理纪律。

对早到和迟到的管理应该更加严格，午休的请假制度太宽松，同学进出太随便，有些请假不应该批准。

统计出最吵的人，让他做义工，站在教室后面管。比如，设立走廊喧闹提醒员，直至另一个人来接替他，正如让交通违法的人，负责管理交通，提升遵章守法意识。

放一张桌子和椅子在教室后门，值日班长到教室后方管理纪律，避免干部管理成为干扰。

学生提了很多建议，不少建议是可行的，也是很有见地的。在我看来，建议可不可行，是次要的，重要的是，大家力往一处使，共同思考同一问题，创造宁静的学习环境成为共同追求。

三、硬件布置

新搬入高三教室时，教室里还留存着原先班级的励志标语。前面黑板上方，是大红的宋体字："投资未来的人是忠于现实的人。"后面黑板的上方写着："高效源于专注，成果来自坚持。"

这几句话，彰显着此前班级的精神追求，应该是不错的。但这毕竟是别人的文化，班级文化应源于班级自己的追求与创造。浏览学生上交的作品，虽然稚嫩，却体现了学生的价值追求，是自个儿的。

> 拼过累过才有结果，冲过摔过不算白活。
> 每一个让你难堪的现在，都有一个不够努力的曾经。
> 行动是理想最为高贵的表达。
> 节约时间等于延长生命。
> 挥最热的汗，露最美的笑。
> 苦难显才华，好运隐天资。

当然，我们惊奇地发现，可能是受之前教育的影响、经历的熏染，相当多的标语非苦即累，甚至有些悲壮。比如，"书山有路勤为径，学海无涯苦作舟"、"成功源勤奋，成功自坚持"、"拼一个秋冬春夏，赢一生无怨无悔"、"用勤奋坚持，换春华秋实"、"宝剑锋从磨砺出，梅花香自苦寒来"、"吃得苦中苦，方为人上人"、"破釜沉舟"、"卧薪尝胆"，等等。高三似乎是苦、累的代名词。如果用画面来表达，那就是一张张苦瓜脸。

为配合班级"静"文化的创建，我大胆取舍，前后黑板上方、教室两边的立柱、后门外立面，全部采用与"静"有关的表述。

中立柱：喋喋不休伪男儿，埋头苦干真汉子。

前黑板：不敢高声语，恐惊读书人。

后黑板：证明你存在感的，不是叫嚷的分贝。

后门外：静入。

标语全部出自师生之手，指向了同一个方向，形成教育合力，让教育效果最大化。

改变一个坏习惯，产生一个好习惯，并非一朝一夕之功。常有这样的经历，批评某个同学，说他在某个时间吵闹了，而当事学生往往一脸茫然，似乎在说："有吗？"其实，不是想抵赖，他只是习惯成自然，没有意识到而已。所以，要营造宁静的学习氛围，需要长效机制，需要持续跟进，巡视、陪同，及时提醒、批评，不断进行强化。

第四节 ▶ 告别诱惑：以退为进占先机

手机问题，已经成为班主任工作绕不过去的坎。智能手机，好看的、好玩的应有尽有，在便利地提供巨大信息资源的同时，也给人们带来极大的诱惑。仍处于发展中的学生，极易沉溺其中，影响学习、生活和个人成长。那么，作为班主任，我们应该如何应对手机问题呢？

我主张借"机"行事。

一、开诚布公，借机立约

首先，坦率说明手机的管理原则。"学校不允许你们带手机，是担心你们不能自控，玩物丧志。要是同学们有超强的克制能力，让你们带着又有何妨？对于手机，社会上的说法也是各不相同，也有不少人极力主张手机宜疏不宜堵。但现实生活中，往往一堵了事，为什么？疏，谈何容易？为什么不容易？因为使用手机的人还不成熟。"

其次，坦陈学校手机的管理现状。"我也知道，同学们面对严格的校规，有的心存侥幸，有的毫无惧色，冒着被处分的危险，照带不误。其实，我们心知肚明，手机的实际情况是禁而不止。学校禁止手机的真实用意，其实是希望你们能够合理利用手机，不要被手机所役，玩物丧志。"

最后，坦率点明手机管理的焦点。"携带手机来校，确实带来了很多便利，特别便于和家长联系。虽然寝室里也有电话，但很多家长不放心孩子上学、放学路上的安全，也是极力主张孩子带手机的。既然如此，我们没有必要在带不带的问题上兜圈子，而是应该思考如何使用的问题。我们能不能集思广益，想个万全之策，彻底解决手机问题？"

在此基础上，我和学生通过讨论、分析，做出了以下约定。进入校门之前，一律关机，走出校门之后再开机，中间不论什么原因开机，一律视为违规。不准把手机带入教学区。一旦发现违规，手机一律没收。支持学校的任何处理，绝不会给予说情帮助。如有违犯，任何评优评先，一票否决，并通知家长。

既然明令禁止携带无效，不如退让一步，争取主动权。当然，并非有了这样的约定，事情就能妥善解决。手机的诱惑实在太大，还要有后续的跟进。但开诚布公，借"机"立约，以此作为规范学生的依据，不失为良好选择。

二、光明磊落，借机树德

班级下发了手机情况登记表，收集学生使用手机的情况。"既然允许携带，我们就要坦坦荡荡，没有必要遮遮掩掩，要把手机放到桌面上来谈。老师有权知道同学们持有手机的情况，一方面便于老师联系，另一方面便于老师做好管理，希望同学们如实填写。"

明确说明填写要求，要求学生如实选填有无手机。有手机的准确填写手机号码，注明在学校还是在家里；没有手机的，也相应注明并签字。

坦诚说明调查手机使用情况的方式。我明确告诉学生，我会定期拨打学生所提供的手机号码，可能是上课时间，可能是就寝之前，借以了解学生有无在非使用时间里开机，同时表达希望——希望同学们能经得起考验。这样做是为了加强监督，努力解决问题，而不是收集罪证。接手新班级，有些话一定要讲清楚、明白、透彻，因为学生总是或多或少在老师那边吃过苦头了，对老师总有那么点观望、不信任的态度。

三、严格执法，借机立威

人与人是不一样的，每个个体的自控能力，也是有差异的，再怎么严酷的法令都会有人因各种诱惑而触犯，更何况一个小小的班级内部公约。这就决定了围绕手机的斗争，是一场攻坚战。

例如，某个周五，放学前的最后一节课，沈同学把手机拿到教室里充电，被值班领导发现并没收。他前来和我协商，希望我去学生处帮他把手机要回来，说只是因为担心放学后电量不够才在教室里充电的，并向我保证今后绝不再犯。

这个要求似乎合情合理，但也说明在这个学生心目中，原则、契约都只是对自己有利时才承认的，一旦和自身利益相违背，曾经的约定、原则就要统统让路了。于是我正告他，规则不是儿戏，制定了就要遵照执行，现在需要探讨的，不是帮忙拿回手机的问题，而是如何处理违章使用手机的问题。

严厉的批评和分析，使他终于转变了看问题的角度，不只盯着被缴的手机，而去思考自己的行为有无违背约定。觉察到自己确实有违当初的约定，理亏在前，就会不再纠结怎样要回手机的问题了。

很快，他送来了一份检讨书，希望我能督促他改正错误。

再如，班里有不少外地学生，因为路远，学校同意他们周末留在学校。为便于管理，学校要求他们在规定时间里到教室里自修，并安排值班老师进行自修纪律的检查。或许是因为自控能力比较差，或许是因为周末自我放纵，在自修时间里，徐同学用手机忘我地看小说被值班老师发现了，自然手机被没收了，问题又摆在了我的面前。

翻出手机情况登记表，发现当初登记的时候，他并没有手机。询问之下，说是近期刚花了 300 元买来的。现在手机优惠相当多，充话费、送手机，而且是智能手机，是常见的营销方式。即使是寒门学生，也可以轻易获得功能齐全、流量保障的智能手机。

这是一个心智极不成熟的孩子，自控能力非常差，之前周末曾多次溜出学校上网，也曾一次又一次保证不再犯错，但在诱惑面前，他往往又重蹈覆辙。问他怎么办，他想了半天，说如果接下来不努力，成绩不进步，学期结束的时候再买一只手机给我，言下之意让我再没收一次。这样的解决方案说明在他心中，手机就是一颗糖，好吃，想吃。被缴了，也就像丢了颗糖似的，没什么严重的，大不了再买一颗。太严厉的处理，对他估计没什么意义，但如果就此放过，也会造成恶劣影响。

我告诉他，已经没收的手机学校只是暂为保管，到一定时限会原样奉还，再买一部，纯粹是浪费金钱。如此坦诚相告，最起码，省得他再去买一部。我顺着他的补偿思路，引导他认识弥补过错的代价，并不像重新买一颗糖那样简单。最终我们商量决定，如果期末成绩没有达到自己的目标，就拿出自己的零花钱，手机一半的价钱，差不多150元钱，请同学们吃美食。既然保证没用，但又不能对不良现象熟视无睹，我希望能通过这种方式，对他本人及其他同学进行告诫，明了事件的严重程度和相应代价，同时表明捍卫约定的坚决态度。

期末考试结束后，他买来了一箱零食分给全班同学，大家也都知道这是带手机到教室的后果。笑嘻嘻中，这条手机管理约定再一次在全班同学心中鲜明起来。

不论是写保证书，还是分发美食，都考虑了不同学生的特质，但殊途同归，用或严肃或活泼的方式，传递对违规的鲜明态度——有约必依，违约必究，并适当广而告之，从而取得了良好的教育效果。

四、启迪教育，借机说道

教育是一门艺术。教育工作要前后衔接、相互呼应。行事之初要设想事情的各个发展阶段，行事之中也要不断和开始的方向、目的相联系，不断调整，既适应各种情况，又要坚持原则。

实行手机管理约定一个多月后，学生对当初的告诫也有些淡忘了，有些人有意或无意地偷偷开机，或者在寝室里偶尔一玩，甚至偷偷摸摸带到教室里。所谓"防微杜渐"，斩断念头很难，但在事物苗头刚出来的时候及时敲打、解决，一定能更好地维护规则。我开始动用和学生明说的手机使用情况调查法——拨打他们的电话，以此了解学生们使用手机的情况，真实了解学生们有没有形成坚定的契约精神。

我在学生上课的时间，逐一拨打 37 个手机号码，除关机、停机的外，有 5 部电话处于连续拨打无人接听的开机状态。其中杨同学的电话，在信号接通后，立即被挂掉了。

下课后，我找到开机的 5 位当事人。心虚的杨同学知道怎么回事，我还没开口，率先申请发言。她当即承认自己把手机带到教室里来了，其他同学才知道怎么回事，都说手机没带到学校，并告诉我手机存放在家里的哪个位置。通过与家长联系，这几名同学经住了此次考验。

接下来就是处理杨同学的手机问题了。我让她把手机交给我代为保管，她有些不愿意，希望先和我沟通、协商。我不同意，并严肃地告诉她，先交手机再沟通，不交手机是错上加错，把手机带到教室有违约定，没有什么道理可说。

她极不情愿地把手机交给我，希望我给她一个机会，中午找我面谈。中午饭后，她如约而至。她说她从小独立性强，父母对她很放心，不太管她的，自认有很强的自律能力，带手机对她没有影响，希望我把手机还给她。言之凿凿，坚定有力。

我告诉她，影响比较小还能成立，没有影响是不可能的。就此次考验而言，上课时接到电话，一看是班主任的，慌忙之中关机，在之后的那一小段时间里，肯定影响上课效率。再追问她带手机到教室的频率、使用等情况，了解到她带手机到教室不是一次、两次了，有时甚至上课时也偷偷把手机拿出来看看，所谓的自律无从谈起。

和学生接触后，我发现学生有一个思维定式，认为任何错误都可以用成绩弥补，这或许就是应试教育的后遗症吧。当她的自律性很强的理由无法成立时，她信誓旦旦地向我承诺，期末考试她考多少名，如果达成目标就让我把手机还给她。意思非常明显，似乎成绩好了，可以抵消她的过错。

我告诉她，玩手机与读书，是两件不同的事。同意还手机，不只是因为成绩，更重要的是犯错之后的态度和反思。千万不要以为一俊可遮百丑，这种想法要不得。不是说成绩上去了，就能抵消过错了。成绩上去了，能说明有一定的反思态度，过错还是在的。

经过一番长谈，她若有所思地回去了，不再纠结于什么时候还手机的问题。学期结束之后，她找我谈心。她告诉我，这个学期下来，成绩或许不见得有多少提高，但感觉自己确确实实成长了。以前一直以为，只要成绩好就行了，其他都不是问题。有什么事，只要成绩上去了，就都不是问题了。而我给她讲的那些道理，从没有人和她讲，也从未听说过，这让她开始思考学习到底是为了什么。

手机确实是一把双刃剑，既是便利，也是伤害。围绕手机，师生之间的"交手"不会很快结束，注定是漫长而艰苦的过程。这个斗争，最终其实不是老师和学生之间的斗争，依然是一个充满智慧和耐心的教育、成长过程。事实证明，处理得当，坏事也能变成好事，手机能成为教育的有用载体和学生进步的阶梯。

陶行知说："真教育是心心相印的活动，唯独从心里发出来，才能打到心灵的深处。"我利用手机，借"机"说事，引导学生走向自控自律，让学生学会反思，正确处理生活和学习的关系，从而健康成长。

第五节 ▶ 直面恋情：严慈相济重引导

学生恋情，是一个让很多老师头疼的问题。传统的做法是打压，棒打鸳鸯，结果往往是，为了证明自己爱情的坚贞，学生走得更近，老师成为学生在爱情道路上越走越远的推手。既然如此，我们老师能不能有所改变，换个维度工作呢？能不能化指责为指导呢？

其实，学生谈恋爱，从积极意义上讲，说明他（她）至少是一个正常的人，是有着健康两性心理诉求的人。在"练爱"的过程中，他（她）们也确实锻炼了与异性交往的"爱能力"，为今后的爱情、婚姻奠定基础。其实，教会学生谈恋爱，引导他们怎么谈恋爱，也是我们老师必须开展的课程。爱情，确实不是什么洪水猛兽。

首先，老师应坦然看待学生谈恋爱。一个班级，有 5% 的人在谈恋爱，那是再正常不过的。几十个人一个班，总会有人缺爱的，总会有人要用谈恋爱体现自我价值的，对此不必大惊小怪。但如果不少人都在谈恋爱，那说明班风确实有问题，这不是我们提倡和追求的。

其次，阐明我的爱情观点。爱情是神圣的，双方应是志同道合、有共同志趣、两情相悦的。如果只是一天到晚腻在一起，甚至做出不适合展现在公共场合的亲密行为，既是对环境的伤害，也是对爱情的亵渎。从古到今，有很多可歌可泣的忠贞爱情，也有很多关于爱情的经典语录，我时常和学生分享、交流，不强制他们接受，但至少提供了一个视角，打开了一扇窗户。

最后，告诉学生我的底线和诉求。倡导自然大方的异性交往方式，在与大量异性的交往过程中收获与异性交往的能力，为今后的择偶、婚姻奠基。个别同学超出正常交往范畴，尝试恋爱，品尝爱情的滋味，请注意尺度，注意分寸，以精神交往为主，严禁肢体接触，应在老师的眼皮底下大大方方地谈，合理、规范、艺术地恋爱。

举三个例子。

例1：老师，我们说说爱情

生：老师，我想和你谈谈。

师：好啊！请说，你想谈啥？

生：谈谈爱情。

师：神圣的话题！看上女孩子了？

生：好像有点，有点喜欢她，她的一举一动看上去都很舒服，我估摸着是爱上她了。

师：谁啊？

生：能保密吗？

师：自然，既然谈了，那就来点真诚，同时满足一下好奇心！

生：小夏。

师：有眼光哦！这个小姑娘聪明伶俐，我也喜欢。她喜欢你吗？

生：不知道，所以来问问你，下面我该怎么做，要不要去追。

师：你是问我的观点吗？

生：是的。

师：作为老师，我当然希望你别追，把她放在心里。你先花时间强大自己，如果时过境迁还喜欢她，到时再发动进攻，成功率也高点。这个女孩自然是好的，以后你会看到更好的，再看看呗，选择最适合的，而不是现在看上去好的。

生：你是什么时候谈的恋爱？

师：我的爱情很简单，大学里谈的，我大学同学，就是你现在的师母，没那么多的浪漫。

生：好吧，我再看看。

营造宽松的环境，让学生勇于把问题放到桌面，开诚布公地探讨，这样便少了猫捉老鼠的内耗，也没有出现爱情泛滥的可怕后果。事实证明，很多事情，本没有事情，是庸人自扰，心魔作祟，这需要班主任做出调整和改变。当我们变了，你就会发现，学生也在悄然改变。

例2：恋爱怎么谈呀？

生：老师，媛媛生病了，发烧蛮严重的，你去关心关心她。

师：好的。

师：（突然，若有所悟）看你这么着急，你小子是不是喜欢上她了？

生：（不好意思）是的。

师：好好努力，好好表现，长大了还喜欢她，老师帮你做媒。

生：好的，谢谢老师。

（过了一天，我的办公桌上放了一张纸条）

师：媛媛的病还没好，而且还发烧了，六班也有同学来问，大家都很担心，你带她去看一下吧，麻烦你了。

（我去找了那名女生，然后同样也用纸条回复）

××：你好！我读到了你焦急的心情。我问过她了，温度不是很高。医务室的老师也嘱咐过她了。她本人也执意不去看。偶尔烧一下，有杀毒之功效。你别着急，我会持续关注。

（过了一段时间，那名女生来找我了）

生：老师，周末有空吗？

师：有事？

生：模拟考试结束后我要找你谈谈。

师：想谈哪方面的内容？让我好有个思想准备。

生：开学时，我的心很静的，最近比较浮躁。

师：为何？

生：（脸红，不好意思）我稍有情绪，他都很紧张，就来问我，他是不是有什么地方没有做好。

师：这确实需要时间细谈，想好了再来找我，我随时待命。

（考试结束后，该女生来找了我）

此事件中的当事双方，都是不清楚何为恋爱，一个凭一点好感就贸然展开所谓的攻势，一个出于善良想拒绝又不会拒绝，导致情绪纠结，从而产生不好的影响。这时候，就需要教师仔细了解双方的心理与动机，并且创设和谐交流的氛围，让学生之间进行真正的交流，明白对方的内心想法，从根本上解决问题。

例3：老师，这样太尴尬了

（班级座位抓阄完毕，某女生跑来，着急地拉住我，希望我帮她解决问题）

师：不违背原则，在老师力所能及的范围内，老师一定帮个忙。说吧，什么事？

生：能帮我换个位置吗？

（自从定下抓阄定座位，一个多学期以来，没有一个学生来提这个要求，抓到和谁坐就和谁坐，今天她鼓足勇气来找，背后一定有故事）

师：为什么？

生：现在的同桌，一直暗恋我，一直给我写表白书。坐在一起，会非常尴尬，希望能换掉。

师：你今天来，是希望老师帮你解决问题的，之前也从未对老师有所求，从情理上来讲，你铁了心要调换，老师一定成全你，但在着手调动之前，我们先把这件事捋顺。

生：好的。

师：我们当初确定了这样的排座位方法，初衷是什么，你还记得吗？

生：嗯，彻底打破按高矮排座位的规则，让位置充满变数，充满期待。可能和高的坐在一起，也有可能和矮的坐在一起；既可能和喜欢的坐在一起，也有可能和不喜欢的坐在一起；既可能和胖的坐在一起，也有可能和瘦的坐在一起；既可能和成绩好的坐在一起，也有可能和成绩差的坐在一起；既可能和习惯好的坐在一起，也有可能和习惯差的坐在一起，从而学会和各种同学交往。

师：说得很对，今天的情景，已经在我们的预期之中了。

生：可我还是感觉不舒服。

师：懂得一个道理，和最终能落实到行动中，还是有漫长的一段路的。这个我非常理解。我们换个角度，今天你来找我，有没有发现一个问题，我们缺乏处理这种事件的应急能力。如果直接调开，就可能坐失成长的机会。你长得这么漂亮，穿着这么有品位，以后肯定会有很多人追求你，到时杨老师不可能再帮你调了。你如何与他们沟通，这是你必须面对的课题吧。再说，他性格内敛，却大胆追求你，也是需要鼓足勇气的，你这么严词拒绝，对他很有可能是一种伤害。如果你告诉他，并非他不优秀，只是他不是你喜欢的菜。萝卜青菜各有所爱，他是能够理解的。这样，无形之中，你成全了一个人，做了一件高尚的事情，还多了一个朋友，一举多得，于己于人都没有坏处，你说呢？

生：我不知道该怎么办。

师：你找他去谈谈，可以在走廊里，可以在草地上，可以到操场上，大大方方地去。杨老师支持你，还怕啥？

生：有些不好意思。我其实和他说过了的，但他还给我写信。

师：这没什么事情呀，你实在太让他心动了，他要表达是他的权利呀。我们要做的不是禁止他表达，而是引导他表达。比如，每次他给你写情书了，你大大方方地收下，看一下。心情好，给他写个评语，告诉他这封信从写作的角度来看，有什么优点有什么缺点，哪些话是女孩喜欢看到的，哪些话不应该这样表达，帮助他提高写情书的能力。如果心情不好，就像老师那样，你就写一个"阅"。拒绝是一种能力，这次抓阄，是上天给你成长的机会，错过了很可惜的。有问题向老师咨询。

（她还是有点为难）

师：要不这样，你按照老师的指导，先去尝试一下。如果几天之后还是不行，再来找我。只要你来，老师二话不说，直接给你调开，可以吗？

生：可以的，先试试。

就这样，过了一个月的期限，安然无事。

当然，这中间，男生也来找过我，问的就是女生不理他、心情很难过的事情。我对他做了指导，前面的失败，说明此路不通，重复旧的做法，只能收获同样的结果，必须采取新的行动。没有新的行动，或者不能进行新的行动，那就别再行动。有困难找"春哥"。男生若有所思而去。结合女生的后续表现，我想，双方都在这次表白和拒绝失败事件中获得了一定的表达和交流能力。

少男少女的青春躁动，缘不知所起，情不知何去，无定法定态，不涉及是非对错，我们怎么能就以简单的"错"加以简单的否定？如果不进行细致的了解和分析，不进行相应的指导，学生怎么能顺利走过独特的躁动期？所以，我们要做的不是堵塞，而是疏导，更要指导，指导学生如何面对自己或他人的感情，如何合理看待情感与自我成长的关系。

学校的常规工作很多，很难穷尽，除了前面罗列的之外，比如说在教室里吃零食啦，比如课间跑啦，比如学习焦虑啦，等等，都是经常碰到的、非常琐碎的，但又必须面对并要加以解决的常规工作。

比如零食问题，很多老师为此非常烦恼。不给吃有些过意不去，但没有要求，教室又会变成生活区，明确一些要求又很难落到实处。其实，问题虽有难度，也并非没有解决之道。我要求学生，进教室之前，必须吃过早饭，并且已经吃饱。明确告诉他们，空腹学习危害很大，后果很严重。为了身心健康，他们虽想偷懒，但还是能接受的。按惯例，第二节课后是大课间时间，我们规定大课间之前不准吃东西。如果进教室之前是吃饱的，两小时之内是可以不吃东西的。这样规定是为了不让偷懒的、寄希望课间吃早饭的同学有机可乘。年轻人生命力旺盛，能量消耗比较多，第二节课之后，可以适当吃些面包、饼干等补充能量，但严禁吃休闲食品。允许补充能量，以生为本，体现了对生命的尊重。但教室毕竟不是生活区，不许吃零食，坚持底线和原则，学生自然也无话可说。阐明道理，做通工作，严格执法，问题通常就能得以解决。

再比如课间跑。全校学生在操场跑，要跑整齐是很难的。学校反复要求跑得整齐点，更有精气神些，却总是很难有预期的效果。这个时候该怎么办？到底是哪个地方出了问题，能不能有些许的调整与改变，让跑操的秩序更加良好？通过观察我发现，距离远了，间距大了，是跑不整齐的主因。我提出要求，要求学生们紧凑点，做到人挨着人、手碰着手，以不"打架"为原则。小小的调整，导致大大的变化，偌大的操场，我们的班级成为一道亮丽的风景。

常规工作，有共同特点，有很多共性的东西，但具体到每个学校、每个班级，还是有差异的，很难找到放之四海而皆准的教育方法。教师要多一些自己的思考，琢磨、探索、反思，避免让自己的脑子变成别人思想的跑马场，要根据自己的兴趣、特长、性格、能力等，从现实情况出发，因地制宜，积极探索班级管理的有效途径，让看似刻板的教育常态灵动起来，打造品牌班级，享受更多教育幸福。

第六章

品牌之路：引源头活水

穷则变，变则通，"变"贯穿我18年教育的始终。我不断学习，不断调整，努力变出了"杨氏品牌"，走出了一条教育幸福路。

第一节 ▶ 自我积淀，反思内化

我幼时调皮，被老师指着脑门骂是常事，甚至曾因不肯认错被班主任用细棍子抽打。阴差阳错地进入师范大学后，却幸运地遇到了特别好的班主任，没有冷眼没有歧视，真诚地关心我、帮助我。强烈的反差，带给我别样的感触。我暗下决心，将来要做一名让学生真正信服的好班主任。

怀着这样的信念，我立志在班主任岗位上，实现我的人生价值。当年，来我校讲学的任小艾问，有谁愿意一辈子当班主任，我毫不犹豫地举起了手。然而，这么简单的愿望，实现起来，竟是那么艰难，那么坎坷。

一、民主教育，初战告负

1999年，在农村中学工作一年后的我，调到杭州市长河高级中学，开始了与城市学生的亲密接触。2000年，因高二某班的班主任调走了，学校让我接任班主任。虽然这个班的学生个性极强，教育难度挺大，但我欣然受命，坚信自己能行！

高二一年在你进我退、此消彼长的"师生斗争"中匆匆而过，高三新学期开始前，我做了精心策划，制订了周密的计划，准备总结经验，吸取教训，做最后冲刺。开学之初，我的脚步停在了离会议室几步之遥的楼梯上——我的班主任职务已被罢免！

这是一段不堪回首的、充满痛苦的记忆，但正是这一份打击和磨砺，让我冷静下来，开始检讨自己的工作。

工作中，我最突出的问题有两个。其一，因为来自农村，普通话不标准，在表达自如、滔滔不绝的城市学生面前，我会不由自主地流露出几分不自信来。其二，读书时代的自己，也是个调皮的孩子，没少被老师处罚，于是，对学生的不良行为，我多了一份宽容，坚持以开放的方式与学生相处，还希望自己的行为能颠覆传统，引领潮流。前者的自卑，让我行事底气不足；后者的所谓"开放"，使学生行事无所忌惮。这样的自卑与开放交织，使班级缺少宁静与深刻，更多的是嘈杂和肤浅。领导对我的不满，也源于此。

就这样，我的班主任工作处女秀，以我的下岗告终。这是一场没有太多准备的试水，然后我被呛着了。我暗暗告诫自己："我还会回来的，要为尊严而战，在哪里跌倒就从哪里爬起来。"

二、"严"字当头，再尝苦果

在杭州的第一个三年很快过去，没当班主任的我，把时间和精力放在教学工作上，2002 年高考，我所教班级的语文成绩喜获丰收，学校决定让我继续带高三。

新接的高三班，也是一个传奇班级。传奇之一，"名人"较多，"牛鬼蛇神"不少，个个都不是省油的灯，42 人的班级，有十几个人受过处分。传奇之二，班主任频繁更换，走马灯似的，在极短的时间内，换了三个班主任。原先的班主任不做的不做、离职的离职，高三开学一个多月后，"不适合做班主任"的我被学校"委以重任"。

有些老师同情我的遭遇，偷偷提醒我，这个班的学生认错态度是一流的，就是屡教不改。千万不要被他们的表象所迷惑，发现问题就要狠狠地罚，罚他个痛快，千万不要让他们坚定"只要认罪态度好就没事"的习惯，否则以后就难管了。

"下岗"的伤痛还没完全忘却，新的机会面前，我怎敢有半点大意？树活一层皮，人争一口气，我虚心学习，狠抓常规。每天朝六晚十，全程跟班，坚决执行"盯、关、跟"政策，绝不放过任何风吹草动，一有异常马上批评、教育、整改。为了解决自修课吵闹问题，我把班级一分为二，单人单桌分开管理。另一个自修教室在另一幢楼的三层，每次走个来回要上下十几层楼，但一点也不感觉累，精神饱满，仿佛有使不完的劲儿。不能说我的教育没有成果，但和其他平行班相比，仍差距较远，问题较多。但我依然坚持着，"天道酬勤"告诉我要坚持。

真正的打击，来自学校的评教活动，我的优秀票竟然只有5张，据说这可怜的5张还是出于照顾的。我沮丧到了极点，相当迷茫。难道自己真的不是当班主任的料？

黄同学的便条，给予我善意的提醒："老师，你几乎每天晚上都要对大家进行思想教育，有些能拖的事不妨放在一起讲，如此频繁洗脑，我们会变麻木，会厌倦，自然也就不会重视那些'废话'了。从长远的角度看，我们该先抓大的方向，再逐步解决小的瑕疵，不能急于求成。"

我的焦虑，学生看得清楚明白；黄同学的话，也犹如当头棒喝，让我警醒。她说得没错，我走得太快走得太急，满脑子只有一个想法——要彻底改造他们，却完全忽视了他们的需求。我反复告诫自己："慢慢走！听听学生的声音！"

跌跌撞撞，我一路走来。最初几年在宽与严的摇摆中，寻找教育的平衡点。漫漫征途中，我和学生问题相遇，我和问题学生相交。虽然主基调是失败，但这让我对这个年龄段的学生有了感性认识。我相信，没有这些失败的过往，就一定没有之后精彩的成全。

第二节 ▶ 名师智汇，别样视角

不得不承认，一系列的失败，让我几度感到茫然，甚至怀疑自己不是当班主任的料。在一次主题班会研讨时，我遇见了德育特级教师韩似萍，我幸运地加入韩老师的青春期教育工作室。后续几年中，定期的学习、培训和研讨，让我看到了一个全新的教育世界，我的教育幸福生活帷幕由此拉开。

一、山重水复疑无路

曾经有个学生，确实让我非常头疼。他留着长发，颇有几分怪异，我劝他稍做修理，他也不愿意。学校对仪容仪表有明确要求，我动之以情，晓之以理，再三劝说，他勉强同意了。不过，修理之后仍让我一惊，发型几乎没有改变，头发还是那么长。我气不打一处来，放下狠话："必须重新修剪，否则甭想跨进教室的门。"未曾料到，他的火气比我还大，他说"不进就不进"，扭头就走，一路小跑着冲出了学校大门。事情因我而起，屡见报端的学生安全事件让我不安，我必须把他找回来。我追上去，发现他一边跑一边用手敲路边的电线杆，血肉模糊。那一瞬间，我惊呆了。

我只是在执行学校的要求，何至于此？就此事，我咨询了韩老师。她反复告诉我说："头发是学生青春的旗帜，在他们看来，头可断，发不可以理。简单粗暴的命令只会引起学生反感，我们要另寻角度让学生自觉接受学校的规定。"

二、柳暗花明又一村

后来，类似的问题摆在我面前时，因为有了前面的经验，更因为有了名师点拨，我换了心态，调整了思路，取得了较好的教育效果。杭州市教育局组织首席班主任讲有温度的教育故事，《钱江晚报》刊登了我写的《女生爱染头发，怎么劝？》。同类的事情，我的处理方法已然与通常的处理方法不一样了。

接到一个陌生的电话，对方说刚从美国回来，要来看我。原来是她，一个让人印象深刻的女孩。

女孩入校时成绩不理想，整个高一一直没有起色，时间和精力基本上都放在穿着打扮上，特别是头发，又是染又是烫，一直披散着，几乎把脸全部遮住了。她的班主任希望她可以把头发剪短或者扎起来，有个学生的样子，但她就是不同意，为此师生矛盾重重。

文理分班之后，她成了我的学生。她的头发，自然也是我首先要解决的问题，我决定找她谈谈。

开门见山，我试探着问她："你知道自己身上的优点吗？"她冷冷地吐出三个字："不知道。"

"真的不知道？""不知道！"依旧默然。

"那我来说？"我征求她的意见。她说"哦"，不冷不热，淡淡的。

"你的皮肤很白。"没想到老师会说这样的话，她的眼神里似有一抹亮光划过。

"但让老师感到遗憾的是，你把自己身上最美好的特质掩盖起来。很多女人花钱涂抹粉刷，为的就是美白，你倒把自己的优势弃置一边，浪费了自己与生俱来的优势，真的非常可惜。"我继续说。

接下来，我表明自己对学生的态度，每个人都有权利选择自己的生活，以怎样的姿态来装扮自己更是个人自由，老师绝对不会横加干涉，只是从普遍的审美角度来看，她还有很大的改善空间。

第二周返校时，她剪掉了怪异的发型，露出了白皙的脸庞和光洁的额头。她的变化让所有人都大吃一惊，但我知道，她的改变还会越来越多。

没有教不好的学生，只有不会教的老师，这句话当然太绝对了。但是，我以为，方法对了，教育就好办了。

很多人教育孩子，都直接给出"我"的需要和标准，并要求学生据此快速做出改变，达成"我"的期待。而我，站在对方的角度思考，从对方关注的角度出发，并把选择的权利给她，让她体会到她所得到的理解和尊重。结果自然是不一样的。

教育需要将心比心，我们自己所需要的，就是学生所期待的。我们需要学生的理解、支持和配合，那么我们就应该先理解学生，给学生充分的空间。己所不欲，勿施于人。

它警醒我，学生问题没有处理好，固然有学生的问题，同时也与老师缺乏智慧密不可分。

从此，我懂得了一个道理：教育不只是技术活，它更需要智慧。这智慧可能是专业的敏锐、专业的素养、专业的方法、专业的精神。

我有意识地向身边的优秀教师学习，直接向他们取经，有时，还特意到他们的教室里走走看看，从教室布置和各种张贴中，捕捉他们的教育智慧。

回想自己的成长历程，考察其他优秀教师的成长轨道，我坚信：任何人的成长与进步，都是内因、外因综合作用的结果。就外力而言，我主张与高人为伍，与智者同行。读万卷书，不如行万里路；行万里路，不如名师指路。

第三节 ▶ 网络学习，智慧共生

经过多年学习、长期熏陶，我的学生观、我对教育的理解，悄然发生了改变。我渴望与更多"谈得来"的朋友一起交流，一起探讨。QQ 群能即时互动，是学习、交流的好选择，我开始搜索班主任群和教育报刊的官方群，并疯狂加群，哪里人多加哪里，哪里热闹去哪里。很快，我成为很多 QQ 群的成员。

一、遨游网络，立足自主教育

行走在数十个班主任 QQ 群里，我积极参与活动，国内很多网络品牌团队里都留下了我的足迹——或切磋交流，或聆听报告，或主持研讨，我的学习由实地培训，发展到网络培训。

在自主教育学习生活的那段时间，是我专业成长的一个黄金阶段，不仅和团队的老师结下了深厚的友谊，我也逐渐成长为一些团队的骨干。自主教育对我成长的意义非同寻常，我在自主教育网络年会的发言中，谈了两个核心意思：一是感动，二是成长。

我感动于团队民主的氛围，我感动于老师们坚韧的精神，一批志同道合的朋友，相聚在荧屏前，守候着"周一七点半，不见不散"的约定，守望着教育追求和心中的梦想。我感动于老师们无私的奉献、对教育的真情与虔诚，月月有任务，周周有安排，或案例研讨，或专业阅读，或聚焦课题。这些工作看似简单，实则烦琐，需要大量时间、精力与智慧。

关于成长，我在发言稿中这样写道：

深化了认识："我们不要忘记自己是怎么成长起来的，要站在学生的位置、善于从学生的角度思考问题，怀揣着学生的需要去开展工作。"

提升了能力：网络隐私、手机问题、吸烟问题、校园暴力、师生关系、安全教育、学习小组、家校合作、积极管理等问题，团队都有深入探讨和交流。这其中有我关注的，也有我尚未关注的；有我思考过的，也有我尚未思考过的。诸如此类，拓宽了我的视角。

……

真正的成长，需要实践来验证。教师的成长不是一句空话，完全可以从班级的发展窥见端倪。前两天出差参加德育研讨会，返校后校长对我说："我给你看过班级了，同学们表现很好，遥控得不错。"我想，这很大程度上得益于班级自主化管理的尝试。

发言的最后，我表达了一辈子当班主任的坚定信念，如今回想起来，还是激情满满，胸怀感动。教育是以生命关怀生命，是以生命唤醒生命，是一件功德无量的事，是可以有所作为并且能够大有可为的。如果有人问我："你愿意一辈子当班主任吗？"我会更坚定地举起我的手，坚定地说："我愿意！"

能在茫茫网络上遇见一批志同道合之人共同前行，实是人生大幸。有了他们，告别孤军奋战，前行的路不仅不孤独，幸福也越来越多。虽仍常"遇见"问题，但我欣喜地发现，我也能"预见"问题了。

二、创立"浙班"，打造区域品牌

我有一个梦想，拥有一个属于自己的团队，聚集一批志同道合的朋友。2013年8月15日，对我而言，是有历史意义的一天。那天，我和同是资深网民的祁进国、褚建利创建了浙江班主任（简称"浙班"）。之后，"浙班"迅猛发展，会员覆盖浙江省所有县市，成为全国有影响力的区域网络团队。

2014 月 8 月 15 日建立了"浙班"网站（http://www.zjbzr.cn），2015 年 7 月 1 日推出了"浙班"微信公众号（zjbzr2015）。"浙班"的发展壮大，引起了媒体的关注。2014 年 1 月 14 日《浙江教育报》以"打造班主任的网上家园"为题介绍了"浙班"，2015 年 12 月 18 日《浙江教育报·教师周刊》头版头条以"谁点燃了班主任们的激情"为题深度报道"浙班"这一民间团体。

"浙班"的发展壮大，有天时、地利、人和的因素，更是因为它的专业。"浙班"的学术交流活动大体上分三个系列进行。

（一）交流分享，互通有无

资讯共享。共享国内外教育咨讯，紧跟时代步伐；共享先进经验和成功做法，通过借力，优化和升格自己的教育工作。故事分享。分享自己在工作实践中比较成功的教育案例。

（二）案例研讨，重点突破

由主持人负责组织，将一些教育热点、难点问题提出来，结合案例，进行在线研讨。从话题征集到活动开展，再到学术成果推广，形成完整链条。"面对'难缠'的家长，该怎么办"等主题研讨活动，吸引了"浙班"众多老师参与讨论，大家见仁见智，砥砺碰撞。

（三）学术讲座，专业发展

"浙班"成立以来，邀请专家、一线优秀班主任进行在线讲座，茅卫东、肖培东、叶俊福、宋卫庆、祁进国等一大批老师先后进行了专题讲座。老师们通过聆听讲座，学习专业知识，借鉴先进经验和成功做法，结合自己的工作实践和理性思考，提升自身素质和工作能力。

人都有惰性。作为参与者，总会因为"没空"而错过研讨；作为组织者，总是"有空"参与研讨，期期不落。主创"浙江班主任"网络研修团队，其作用之一是裹挟着我前行。"浙班"在成长，我也在成长。

第四节 ▶ 主题阅读，专业思考

教育是艺术，是一门有相当难度的艺术，需要思考，更需要学习。而阅读无疑是捷径，它能开阔思路，启迪智慧。

威廉·莎士比亚说，书籍是全世界的营养品，生活里没有书籍，就好像没有阳光；智慧里没有书籍，就好像鸟儿没有翅膀。时代的发展、科技的进步，QQ群、微信、博客等工具的普及，通过网络交流、即时互动，使学习变得轻松自由；但同时也带来了一个后果，知识变得碎片化。

一、专业，不变的追求

由《浙江教育报·教师周刊》主办的教师读书征文已经走过了10个寒暑，参评文稿逐年增加，质量逐年提高。那么，到底有哪些教师参加了评选？他们的阅读习惯怎样？《教师周刊》对此进行了一项电子问卷调查，最后以"读一读'教师阅读'这本书"为题，介绍了调查结果，不少专家进行了点评。

　　浙江传媒学院戏剧影视研究院教授鲁强认为："教师的眼光集中在有关教育价值观与方法论的书籍上，近几年的热门书教师很少去读。教师要更新自己的信息，多关注教育以外的世界。"

　　浙江省教育厅教研室主任、特级教师缪水娟认为："如今我们要求学生多读书、读整本书，教师自身更应该有计划、有目的地多读书。不仅要读教育学，更要读心理学、哲学、经济学，甚至生产技术和信息技术方面的书籍。"

《杭州教育》副主编陈万勇认为："教师应该看'通透'的书。比如有些'艰涩难懂'的书籍，有些教师认为对教育教学没有直接帮助，但正是这样的书籍，可以帮助教师站在更高点思考教育教学问题，摆脱职业倦怠，让自己活得更'通透'。书看得杂了，视野自然就打开了，还能获得精神的愉悦。譬如吃饭，吃中餐和西餐所获得的体验是不同的。"

"很多教师看了不值一看的书，简直是浪费时间。"杭州市拱墅区教师进修学校综合研究员王小庆坦言。

浙江大学教育学院刘力教授发出了这样的感言："一个好的教师不仅要把教材和教参读好，更要读充满生命智慧的书。不是小智慧，而是生命的大智慧。"

这些专家的点评告诉我们，走向专业，应该是老师阅读不变的追求。

二、适切，永恒的起点

专家的点评，透露出一些不可忽视的信息："近几年的热门书教师很少去读"、"教师阅读面太窄"、"教师的阅读水平尚处于浅层次"……

面对大多数教师低起点的阅读现状，大谈价值观、方法论，要求跨界融合，是不是有些奢侈？

在老师不读书，或者是少读书的情况下，先读起来才是重要的。有些老师对功利性阅读嗤之以鼻，对技术层面的阅读不屑一顾。其实，因为教育困惑，针对这个疑难展开查阅式阅读，在读书的过程中加强了对这个问题的理解——宽度和深度得到发展、认识问题和分析问题的能力获得提升，这并无不可。读书是一个循序渐进的过程，读了，眼界宽了，需求高了，自然会选择有深度的书来读。包括我在内的很多老师，都是因为学到了一招一式，感受到了教育智慧，享受了教育幸福，继而思考背后的原理，才不断走向教育阅读专业化的。

盘点这些年我的藏书，大多以一线班主任教育管理类书籍为主。学校教育和家庭教育是相通的，真正的教育发生在家庭，个人对家庭教育也充满兴趣，因此我关注的家庭教育类的书籍也比较多。原理性的教育学、心理学，是教育的根基，也有所涉猎。教师工作有些特殊，对口头表达、人际沟通的能力要求比较高，因此有关沟通的书籍我也看了一部分。在阅读的过程中，曾一度对阅读产生迷茫，也有意识地看看别人的阅读故事。这些阅读，基本构成了个人的阅读版图，选择部分分享如下。

教育类：苏霍姆林斯基《苏霍姆林斯基选集》、杜威《民主主义与教育》、卢梭《爱弥尔》、陶行知《陶行知文集》、朱永新《新教育之梦》。

心理类：阿德勒《超越自卑》、伍尔福克《伍尔福克教育心理学》、李中莹《重塑心灵》、毕淑敏《毕淑敏心理咨询手记》、岳晓东《登天的感觉》、克里斯托弗·彼得森《积极心理学》、赵希斌《好懂好用的教育心理学》、张德芬《遇见未知的自己》、谢弗《发展心理学》。

实践类：王晓春《问题学生诊疗手册》、李希贵《面向个体的教育》、钟志农《班主任心育活动设计36例》系列、檀传宝《走向德育专业化》、陈宇《班主任工作十讲》、丁如许《打造魅力班会课》。

家教类：简·尼尔森《正面管教》、卢勤《好父母，好孩子——卢勤30年家教精华》、尹建莉《好妈妈胜过好老师—— 一个教育专家16年的教子手记》、杨杰《让孩子心悦诚服》、米歇尔·布拉德利《家庭教育自助手册》。

沟通类：查普曼《爱的五种语言》、卡耐基《沟通的艺术与处世智慧》、马歇尔·卢森堡《非暴力沟通》、齐学红《优秀班主任都是沟通高手》、迪尔茨《语言的魔力：谈笑间转变信念之NLP技巧》

读得多，读得杂，自然是好的。阅读应该行走在个人能力边缘之上，太浅了乏味，太深了焦虑。适合自己的才是最好的，切勿贪多求全，打乱节奏。班主任要在阅读过程中理解阅读，在阅读中深化对阅读的理解。

阅读的过程，一定要有"我"的参与，不可"隔岸观火"。和自己的生活、实践结合起来，阅读才是有效阅读，才能焕发生命力。

教育绝不只是一个结果，而是师生生命展开的过程。教师在学校施教，不只是培养学生成长，而是和学生共同成长。教师肩负立德树人重任，没有老师的成长，一切都是空谈。

只有不断学习成长，才能让"变"成为可能，让品牌班级成为可能，让幸福成为可能。

后　记

变，是宇宙的真相。教育形势日新月异，教育对象动态变化。我们必须与时俱进调整与改变，以适应教育形势和学生群体的变化。变则通，通则达。固守只能走向平庸，要打造品牌班级，一定要在"变"上做文章。

我的教育实践围绕"变"展开。教师和学生是两代人，角色、立场也各不相同，教育碰撞甚至是冲突客观存在。教育的魅力，就在于师生在良性互动中实现共同成长。尽管我在书中展示了比较多的教育实践案例，但因为教育储备、教育对象、教育情境的不同，我的做法未必能解决你的全部问题，更不可能让你一劳永逸。但我坚信，只要主动适应，积极调整，努力实现和学生无缝对接，你的教育天空就定能少一分阴霾，多一分明朗。

从这个意义上来讲，本书既是具体做法的展示，又希望传达教育理念。本书的做法和理念，若能引起你的思考，那便是我的幸运。

本书能顺利出版，得益于师长、朋友们的鼎力支持。

首先，感谢韩似萍老师、张万祥老师、郑学志老师。他们不遗余力为我搭建平台，引领我走上班主任专业化之路。

其次，感谢郑立平、梁岗、贾高见、刘令军、李进成、秦望、赵坡、梅洪建、张岩、林志超、肖盛怀、方海东、余国良、李迪、钟杰、覃丽兰、黎志新、郑英、许丹红、田冰冰、杨虹萍、李秀娟、马艳新等一大批优秀班主任朋友，他们给予我启迪、鼓励和支持。

第三，感谢"浙班"的朋友们，特别是褚建利、祁进国、段云成、贾如松、张利萍、陈明梅等，他们提出了宝贵意见。

另外，杭州市教育局、学校的领导和同事、学生和家长，都以不同形式给予我帮助，推动我成长，在此一并感谢。

杨春林

2016年2月15日

图书在版编目（CIP）数据

变出品牌班级 / 杨春林著. —北京：中国人民大学
出版社，2016.5
ISBN 978 - 7 - 300 - 22816 - 7

Ⅰ.①变… Ⅱ.①杨… Ⅲ.①班主任工作—工作经验—
高中 Ⅳ.① G635.16

中国版本图书馆CIP数据核字（2016）第083359号

变出品牌班级

杨春林 著
Bianchu Pinpai Banji

出版发行	中国人民大学出版社	
社　　址	北京中关村大街31号	邮政编码　100080
电　　话	010－62511242（总编室）	010－62511770（质管部）
	010－82501766（邮购部）	010－62514148（门市部）
	010－62515195（发行公司）	010－62515275（盗版举报）
网　　址	http://www.crup.com.cn	
经　　销	新华书店	
印　　刷	北京华宇信诺印刷有限公司	
开　　本	720 mm × 1000 mm　1/16	版　　次　2016年5月第1版
印　　张	14.25 插页1	印　　次　2023年11月第7次印刷
字　　数	190 000	定　　价　35.00元